突发事件应对工作实用手册

U0552243

中国法制出版社

图书在版编目（CIP）数据

突发事件应对工作实用手册／中国法制出版社编. 北京：中国法制出版社，2024. 8. -- ISBN 978-7-5216-4580-4

Ⅰ. D922. 14

中国国家版本馆 CIP 数据核字第 2024JA6083 号

责任编辑：程　思　　　　封面设计：杨鑫宇

突发事件应对工作实用手册

TUFA SHIJIAN YINGDUI GONGZUO SHIYONG SHOUCE

编者/中国法制出版社

经销/新华书店

印刷/三河市紫恒印装有限公司

开本/880 毫米×1230 毫米　32 开　　　　印张/ 5　字数/ 73 千

版次/2024 年 8 月第 1 版　　　　2024 年 8 月第 1 次印刷

中国法制出版社出版

书号 ISBN 978-7-5216-4580-4　　　　定价：20.00 元

北京市西城区西便门西里甲 16 号西便门办公区

邮政编码：100053　　　　传真：010-63141600

网址：http://www.zgfzs.com　　　　编辑部电话：010-63141836

市场营销部电话：010-63141612　　　　印务部电话：010-63141606

（如有印装质量问题，请与本社印务部联系。）

目录

第一章　突发事件应对基础知识

第二章　突发事件应对管理与指挥体制

第三章　突发事件预防与应急准备

第四章　突发事件监测与预警

第五章 突发事件应急处置与救援

第六章 突发事件事后恢复与重建

第七章　法律责任

附 录

第一章 突发事件应对基础知识

1 突发事件是指什么事件？突发事件的应对活动包括哪些？

突发事件是指突然发生，造成或者可能造成严重社会危害，需要采取应急处置措施予以应对的自然灾害、事故灾难、公共卫生事件和社会安全事件。

突发事件的应对活动包括预防与应急准备、监测与预警、应急处置与救援、事后恢复与重建等。

（《突发事件应对法》第2条第1款、第2款）

2 突发事件分为几级？由谁制定分级标准？

按照社会危害程度、影响范围等因素，突发自然灾害、事故灾难、公共卫生事件分为特别重大、重大、较大和一般四级。法律、行政法规或者国务院另有规定的，从其规定。

突发事件的分级标准由国务院或者国务院确定的部门制定。

（《突发事件应对法》第3条）

3 突发事件应对工作的指导思想是什么？

突发事件应对工作坚持中国共产党的领导，坚持以马克思列宁主义、毛泽东思想、邓小平理论、“三个代表”重要思想、科学发展观、习近平新时代中国特色社会主义思想为指导，建立健全集中统一、高效权威的中国特色突发事件应对工作领导体制，完善党委领导、政府负责、部门联动、军地联合、社会协同、公众参与、科技支撑、法治保障的治理体系。

（《突发事件应对法》第4条）

4　突发事件应对工作应坚持什么原则？

突发事件应对工作应当坚持总体国家安全观，统筹发展与安全；坚持人民至上、生命至上；坚持依法科学应对，尊重和保障人权；坚持预防为主、预防与应急相结合。

（《突发事件应对法》第5条）

5　如何动员社会各方力量参与突发事件应对工作？

国家建立有效的社会动员机制，组织动员企业事业单位、社会组织、志愿者等各方力量依法有序参与突发事件应对工作，增强全民的公共安全和防范风险的意识，提高全社会的避险救助能力。

（《突发事件应对法》第6条）

6 如何发布突发事件信息？

国家建立健全突发事件信息发布制度。有关人民政府和部门应当及时向社会公布突发事件相关信息和有关突发事件应对的决定、命令、措施等信息。

（《突发事件应对法》第7条第1款）

7 有关政府和部门发现虚假或者不完整的突发事件信息应如何处理？

任何单位和个人不得编造、故意传播有关突发事件的虚假信息。有关人民政府和部门发现影响或者可能影响社会稳定、扰乱社会和经济管理秩序的虚假或者不完整信息的，应当及时发布准确的信息予以澄清。

（《突发事件应对法》第7条第2款）

8　对突发事件如何进行新闻采访报道?

国家建立健全突发事件新闻采访报道制度。有关人民政府和部门应当做好新闻媒体服务引导工作，支持新闻媒体开展采访报道和舆论监督。

新闻媒体采访报道突发事件应当及时、准确、客观、公正。

（《突发事件应对法》第 8 条第 1 款、第 2 款）

9　新闻媒体应当开展哪些方面的突发事件应对公益宣传?

新闻媒体应当开展突发事件应对法律法规、预防与应急、自救与互救知识等的公益宣传。

（《突发事件应对法》第 8 条第 3 款）

10 对突发事件应对工作如何投诉、举报？

国家建立突发事件应对工作投诉、举报制度，公布统一的投诉、举报方式。

对于不履行或者不正确履行突发事件应对工作职责的行为，任何单位和个人有权向有关人民政府和部门投诉、举报。

（《突发事件应对法》第 9 条第 1 款、第 2 款）

11 有关政府和部门接到投诉、举报后如何处理？

接到投诉、举报的人民政府和部门应当依照规定立即组织调查处理，并将调查处理结果以适当方式告知投诉人、举报人；投诉、举报事项不属于其职责的，应当及时移送有关机关处理。

有关人民政府和部门对投诉人、举报人的相关信息应当予以保密，保护投诉人、举报人的合法权益。

（《突发事件应对法》第 9 条第 3 款、第 4 款）

12 如何选择突发事件应对措施？

突发事件应对措施应当与突发事件可能造成的社会危害的性质、程度和范围相适应；有多种措施可供选择的，应当选择有利于最大程度地保护公民、法人和其他组织权益，且对他人权益损害和生态环境影响较小的措施，并根据情况变化及时调整，做到科学、精准、有效。

（《突发事件应对法》第 10 条）

13 突发事件应对工作中应当对哪些群体给予特殊、优先保护？

国家在突发事件应对工作中，应当对未成年

人、老年人、残疾人、孕产期和哺乳期的妇女、需要及时就医的伤病人员等群体给予特殊、优先保护。

（《突发事件应对法》第11条）

14 应对突发事件工作时可以征用单位和个人的财产吗？

县级以上人民政府及其部门为应对突发事件的紧急需要，可以征用单位和个人的设备、设施、场地、交通工具等财产。被征用的财产在使用完毕或者突发事件应急处置工作结束后，应当及时返还。财产被征用或者征用后毁损、灭失的，应当给予公平、合理的补偿。

（《突发事件应对法》第12条）

15 突发事件发生时可以适用有关时效中止和程序中止的规定吗？

因依法采取突发事件应对措施，致使诉讼、监察调查、行政复议、仲裁、国家赔偿等活动不能正常进行的，适用有关时效中止和程序中止的规定，法律另有规定的除外。

（《突发事件应对法》第 13 条）

16 政府可以在突发事件的哪些方面开展国际合作与交流？

中华人民共和国政府在突发事件的预防与应急准备、监测与预警、应急处置与救援、事后恢复与重建等方面，同外国政府和有关国际组织开展合作与交流。

（《突发事件应对法》第 14 条）

17 如何对待在突发事件应对工作中做出突出贡献的单位和个人？

对在突发事件应对工作中做出突出贡献的单位和个人，按照国家有关规定给予表彰、奖励。

（《突发事件应对法》第 15 条）

第二章　突发事件应对管理与指挥体制

1 突发事件应对的工作体系是什么？

国家建立统一指挥、专常兼备、反应灵敏、上下联动的应急管理体制和综合协调、分类管理、分级负责、属地管理为主的工作体系。

（《突发事件应对法》第 16 条）

2 突发事件发生后，人民政府应当采取哪些措施？

县级人民政府对本行政区域内突发事件的应对管理工作负责。突发事件发生后，发生地县级人民政府应当立即采取措施控制事态发展，组织开展应急救援和处置工作，并立即向上一级人民政府报告，必要时可以越级上报，具备条件的，应当进行网络直报或者自动速报。

突发事件发生地县级人民政府不能消除或者不

能有效控制突发事件引起的严重社会危害的，应当及时向上级人民政府报告。上级人民政府应当及时采取措施，统一领导应急处置工作。

法律、行政法规规定由国务院有关部门对突发事件应对管理工作负责的，从其规定；地方人民政府应当积极配合并提供必要的支持。

（《突发事件应对法》第17条）

3 突发事件涉及两个以上行政区域的如何处理？

突发事件涉及两个以上行政区域的，其应对管理工作由有关行政区域共同的上一级人民政府负责，或者由各有关行政区域的上一级人民政府共同负责。共同负责的人民政府应当按照国家有关规定，建立信息共享和协调配合机制。根据共同应对突发事件的需要，地方人民政府之间可以建立协同应对机制。

（《突发事件应对法》第18条）

4 如何设立应急指挥机构？

国务院在总理领导下研究、决定和部署特别重大突发事件的应对工作；根据实际需要，设立国家突发事件应急指挥机构，负责突发事件应对工作；必要时，国务院可以派出工作组指导有关工作。

县级以上地方人民政府设立由本级人民政府主要负责人、相关部门负责人、国家综合性消防救援队伍和驻当地中国人民解放军、中国人民武装警察部队有关负责人等组成的突发事件应急指挥机构，统一领导、协调本级人民政府各有关部门和下级人民政府开展突发事件应对工作；根据实际需要，设立相关类别突发事件应急指挥机构，组织、协调、指挥突发事件应对工作。

（《突发事件应对法》第19条第2款、第3款）

5 突发事件应急指挥机构发布的决定、命令、措施有什么效力？由谁承担法律责任？

突发事件应急指挥机构在突发事件应对过程中可以依法发布有关突发事件应对的决定、命令、措施。突发事件应急指挥机构发布的决定、命令、措施与设立它的人民政府发布的决定、命令、措施具有同等效力，法律责任由设立它的人民政府承担。

（《突发事件应对法》第20条）

6 承担突发事件应对管理工作职责的主体有哪些？

县级以上人民政府应急管理部门和卫生健

康、公安等有关部门应当在各自职责范围内做好有关突发事件应对管理工作，并指导、协助下级人民政府及其相应部门做好有关突发事件的应对管理工作。

（《突发事件应对法》第 21 条）

7 基层人民政府、群众性自治组织如何应对突发事件？

乡级人民政府、街道办事处应当明确专门工作力量，负责突发事件应对有关工作。

居民委员会、村民委员会依法协助人民政府和有关部门做好突发事件应对工作。

（《突发事件应对法》第 22 条）

8 公民、法人和其他组织有参与突发事件应对工作的义务吗？

公民、法人和其他组织有义务参与突发事件应对工作。

（《突发事件应对法》第23条）

9 人民解放军、人民武装警察部队和民兵组织参加突发事件应急救援和处置工作的依据是什么？

中国人民解放军、中国人民武装警察部队和民兵组织依照《突发事件应对法》和其他有关法律、行政法规、军事法规的规定以及国务院、中央军事委员会的命令，参加突发事件的应急救援和处置工作。

（《突发事件应对法》第24条）

10 县级以上人民政府及其设立的突发事件应急指挥机构发布有关突发事件应对的决定、命令、措施要备案吗？

县级以上人民政府及其设立的突发事件应急指挥机构发布的有关突发事件应对的决定、命令、措施，应当及时报本级人民代表大会常务委员会备案；突发事件应急处置工作结束后，应当向本级人民代表大会常务委员会作出专项工作报告。

（《突发事件应对法》第 25 条）

第三章　突发事件预防与应急准备

1　什么是应急预案？

应急预案，是指各级人民政府及其部门、基层组织、企事业单位和社会组织等为依法、迅速、科学、有序应对突发事件，最大程度减少突发事件及其造成的损害而预先制定的方案。

（《突发事件应急预案管理办法》第2条）

2　我国的突发事件应急预案体系是什么？

国家建立健全突发事件应急预案体系。

国务院制定国家突发事件总体应急预案，组织制定国家突发事件专项应急预案；国务院有关部门根据各自的职责和国务院相关应急预案，制定国家突发事件部门应急预案并报国务院备案。

地方各级人民政府和县级以上地方人民政府有关部门根据有关法律、法规、规章、上级人民政府及其有关部门的应急预案以及本地区、本部门的实际情况，制定相应的突发事件应急预案并按国务院有关规定备案。

（《突发事件应对法》第 26 条）

3 县级以上人民政府应急管理部门对突发事件应急预案体系建设负有什么职责？

县级以上人民政府应急管理部门指导突发事件应急预案体系建设，综合协调应急预案衔接工作，增强有关应急预案的衔接性和实效性。

（《突发事件应对法》第 27 条）

4 如何制定应急预案？

应急预案应当根据《突发事件应对法》和其他

有关法律、法规的规定，针对突发事件的性质、特点和可能造成的社会危害，具体规定突发事件应对管理工作的组织指挥体系与职责和突发事件的预防与预警机制、处置程序、应急保障措施以及事后恢复与重建措施等内容。

应急预案制定机关应当广泛听取有关部门、单位、专家和社会各方面意见，增强应急预案的针对性和可操作性，并根据实际需要、情势变化、应急演练中发现的问题等及时对应急预案作出修订。

应急预案的制定、修订、备案等工作程序和管理办法由国务院规定。

（《突发事件应对法》第 28 条）

5 国土空间规划等规划应当如何适应预防、处置突发事件的需要？

国土空间规划等规划应当符合预防、处置突发事件的需要，统筹安排突发事件应对工作所必需的设备和基础设施建设，合理确定应急避难、封闭隔离、紧急医疗救治等场所，实现日常使用和应急使用的相互转换。

（《突发事件应对法》第 30 条）

6 哪些部门负有建设和管理应急避难场所的工作职责？

国务院应急管理部门会同卫生健康、自然资源、住房城乡建设等部门统筹、指导全国应急避难场所的建设和管理工作，建立健全应急避难场所标准体系。县级以上地方人民政府负责本行政区域内应急避难场所的规划、建设和管理工作。

（《突发事件应对法》第 31 条）

7 如何最大限度地减轻可能发生的突发事件的影响？

国家建立健全突发事件风险评估体系，对可能发生的突发事件进行综合性评估，有针对性地采取有效防范措施，减少突发事件的发生，最大限度减轻突发事件的影响。

（《突发事件应对法》第 32 条）

8 如何对危险源、危险区域进行调查、登记、风险评估？

县级人民政府应当对本行政区域内容易引发自然灾害、事故灾难和公共卫生事件的危险源、危险区域进行调查、登记、风险评估，定期进行检查、监控，并责令有关单位采取安全防范措施。

省级和设区的市级人民政府应当对本行政区域

内容易引发特别重大、重大突发事件的危险源、危险区域进行调查、登记、风险评估，组织进行检查、监控，并责令有关单位采取安全防范措施。

县级以上地方人民政府应当根据情况变化，及时调整危险源、危险区域的登记。登记的危险源、危险区域及其基础信息，应当按照国家有关规定接入突发事件信息系统，并及时向社会公布。

（《突发事件应对法》第33条）

9 哪些部门和组织负责调解处理可能引发社会安全事件的矛盾纠纷？

县级人民政府及其有关部门、乡级人民政府、街道办事处、居民委员会、村民委员会应当及时调解处理可能引发社会安全事件的矛盾纠纷。

（《突发事件应对法》第34条）

10 单位如何落实安全管理职责？

所有单位应当建立健全安全管理制度，定期开展危险源辨识评估，制定安全防范措施；定期检查本单位各项安全防范措施的落实情况，及时消除事故隐患；掌握并及时处理本单位存在的可能引发社会安全事件的问题，防止矛盾激化和事态扩大；对本单位可能发生的突发事件和采取安全防范措施的情况，应当按照规定及时向所在地人民政府或者有关部门报告。

（《突发事件应对法》第35条）

11 危险物品的生产、经营、运输、储存、使用单位应采取哪些措施防止发生突发事件？

矿山、金属冶炼、建筑施工单位和易燃易爆物品、危险化学品、放射性物品等危险物品的生产、经营、运输、储存、使用单位，应当制定具体应急预案，配备必要的应急救援器材、设备和物资，并对生产经营场所、有危险物品的建筑物、构筑物及周边环境开展隐患排查，及时采取措施管控风险和消除隐患，防止发生突发事件。

（《突发事件应对法》第36条）

12 公共交通工具、公共场所和其他人员密集场所的经营单位或者管理单位应采取哪些措施防止发生突发事件？

公共交通工具、公共场所和其他人员密集场所的经营单位或者管理单位应当制定具体应急预案，为交通工具和有关场所配备报警装置和必要的应急救援设备、设施，注明其使用方法，并显著标明安全撤离的通道、路线，保证安全通道、出口的畅通。

有关单位应当定期检测、维护其报警装置和应急救援设备、设施，使其处于良好状态，确保正常使用。

（《突发事件应对法》第37条）

13 哪些人员需要进行突发事件应对管理培训？

县级以上人民政府应当建立健全突发事件应对管理培训制度，对人民政府及其有关部门负有突发事件应对管理职责的工作人员以及居民委员会、村民委员会有关人员定期进行培训。

（《突发事件应对法》第38条）

14 如何设立应急救援队伍？

国家综合性消防救援队伍是应急救援的综合性

常备骨干力量，按照国家有关规定执行综合应急救援任务。县级以上人民政府有关部门可以根据实际需要设立专业应急救援队伍。

县级以上人民政府及其有关部门可以建立由成年志愿者组成的应急救援队伍。乡级人民政府、街道办事处和有条件的居民委员会、村民委员会可以建立基层应急救援队伍，及时、就近开展应急救援。单位应当建立由本单位职工组成的专职或者兼职应急救援队伍。

国家鼓励和支持社会力量建立提供社会化应急救援服务的应急救援队伍。社会力量建立的应急救援队伍参与突发事件应对工作应当服从履行统一领导职责或者组织处置突发事件的人民政府、突发事件应急指挥机构的统一指挥。

（《突发事件应对法》第 39 条
第 1 款、第 2 款、第 3 款）

15 如何提高应急救援队伍合成应急、协同应急的能力？

县级以上人民政府应当推动专业应急救援队伍与非专业应急救援队伍联合培训、联合演练，提高合成应急、协同应急的能力。

（《突发事件应对法》第 39 条第 4 款）

16 如何防范和减少应急救援人员的人身伤害风险？

地方各级人民政府、县级以上人民政府有关部门、有关单位应当为其组建的应急救援队伍购买人身意外伤害保险，配备必要的防护装备和器材，防范和减少应急救援人员的人身伤害风险。

（《突发事件应对法》第 40 条第 1 款）

17 专业应急救援人员应当具备什么条件?

专业应急救援人员应当具备相应的身体条件、专业技能和心理素质，取得国家规定的应急救援职业资格，具体办法由国务院应急管理部门会同国务院有关部门制定。

（《突发事件应对法》第40条第2款）

18 由谁负责开展应急知识宣传普及活动和必要的应急演练?

县级人民政府及其有关部门、乡级人民政府、街道办事处应当组织开展面向社会公众的应急知识宣传普及活动和必要的应急演练。

居民委员会、村民委员会、企业事业单位、社会组织应当根据所在地人民政府的要求，结合各自的实际情况，开展面向居民、村民、职工等的应急知识宣传普及活动和必要的应急演练。

（《突发事件应对法》第 42 条）

19 学校如何开展应急教育？

各级各类学校应当把应急教育纳入教育教学计划，对学生及教职工开展应急知识教育和应急演练，培养安全意识，提高自救与互救能力。

教育主管部门应当对学校开展应急教育进行指导和监督，应急管理等部门应当给予支持。

（《突发事件应对法》第 43 条）

20 政府如何保障突发事件应对工作经费？

各级人民政府应当将突发事件应对工作所需经费纳入本级预算，并加强资金管理，提高资金使用绩效。

（《突发事件应对法》第 44 条）

21 如何建立应急物资储备保障制度？

国家按照集中管理、统一调拨、平时服务、灾时应急、采储结合、节约高效的原则，建立健全应急物资储备保障制度，动态更新应急物资储备品种目录，完善重要应急物资的监管、生产、采购、储备、调拨和紧急配送体系，促进安全应急产业发展，优化产业布局。

国家储备物资品种目录、总体发展规划，由国务院发展改革部门会同国务院有关部门拟订。国务院应急管理等部门依据职责制定应急物资储备规划、品种目录，并组织实施。应急物资储备规划应当纳入国家储备总体发展规划。

（《突发事件应对法》第 45 条）

22 如何保障应急救援物资、生活必需品和应急处置装备？

设区的市级以上人民政府和突发事件易发、多发地区的县级人民政府应当建立应急救援物资、生活必需品和应急处置装备的储备保障制度。

县级以上地方人民政府应当根据本地区的实际情况和突发事件应对工作的需要，依法与有条件的企业签订协议，保障应急救援物资、生活必需品和应急处置装备的生产、供给。有关企业应当根据协议，按照县级以上地方人民政府要求，进行应急救援物资、生活必需品和应急处置装备的生产、供给，并确保符合国家有关产品质量的标准和要求。

国家鼓励公民、法人和其他组织储备基本的应急自救物资和生活必需品。有关部门可以向社会公布相关物资、物品的储备指南和建议清单。

（《突发事件应对法》第 46 条）

23 如何保障应急运输？

国家建立健全应急运输保障体系，统筹铁路、公路、水运、民航、邮政、快递等运输和服务方式，制定应急运输保障方案，保障应急物资、装备和人员及时运输。

县级以上地方人民政府和有关主管部门应当根据国家应急运输保障方案，结合本地区实际做好应急调度和运力保障，确保运输通道和客货运枢纽畅通。

国家发挥社会力量在应急运输保障中的积极作用。社会力量参与突发事件应急运输保障，应当服从突发事件应急指挥机构的统一指挥。

（《突发事件应对法》第47条）

24 如何保障受突发事件影响地区的能源供应？

国家建立健全能源应急保障体系，提高能源安全保障能力，确保受突发事件影响地区的能源供应。

（《突发事件应对法》第48条）

25 如何保障突发事件应对工作的通信、广播安全畅通？

国家建立健全应急通信、应急广播保障体系，加强应急通信系统、应急广播系统建设，确保突发事件应对工作的通信、广播安全畅通。

（《突发事件应对法》第49条）

26 如何加强急救医疗服务网络的建设？

县级以上人民政府应当加强急救医疗服务网络的建设，配备相应的医疗救治物资、设施设备和人员，提高医疗卫生机构应对各类突发事件的救治能力。

（《突发事件应对法》第51条）

27 公民、法人和其他组织可以为突发事件应对工作提供捐赠吗？

国家鼓励公民、法人和其他组织为突发事件应对工作提供物资、资金、技术支持和捐赠。

接受捐赠的单位应当及时公开接受捐赠的情况和受赠财产的使用、管理情况，接受社会监督。

（《突发事件应对法》第52条）

28 红十字会及慈善组织如何参与应对突发事件？

红十字会在突发事件中，应当对伤病人员和其他受害者提供紧急救援和人道救助，并协助人民政府开展与其职责相关的其他人道主义服务活动。有关人民政府应当给予红十字会支持和资助，保障其依法参与应对突发事件。

慈善组织在发生重大突发事件时开展募捐和救助活动，应当在有关人民政府的统筹协调、有序引导下依法进行。有关人民政府应当通过提供必要的需求信息、政府购买服务等方式，对慈善组织参与应对突发事件、开展应急慈善活动予以支持。

（《突发事件应对法》第 53 条）

29 如何保证应急救援资金、物资专项使用？

有关单位应当加强应急救援资金、物资的管理，提高使用效率。

任何单位和个人不得截留、挪用、私分或者变相私分应急救援资金、物资。

（《突发事件应对法》第54条）

30 保险事业如何支持突发事件应对？

国家发展保险事业，建立政府支持、社会力量参与、市场化运作的巨灾风险保险体系，并鼓励单位和个人参加保险。

（《突发事件应对法》第55条）

31　如何提高突发事件应对能力？

国家加强应急管理基础科学、重点行业领域关键核心技术的研究，加强互联网、云计算、大数据、人工智能等现代技术手段在突发事件应对工作中的应用，鼓励、扶持有条件的教学科研机构、企业培养应急管理人才和科技人才，研发、推广新技术、新材料、新设备和新工具，提高突发事件应对能力。

（《突发事件应对法》第56条）

32　如何发挥专业人员在突发事件应对工作中的作用？

县级以上人民政府及其有关部门应当建立健全突发事件专家咨询论证制度，发挥专业人员在突发事件应对工作中的作用。

（《突发事件应对法》第57条）

第四章　突发事件监测与预警

1　如何对可能发生的突发事件进行监测?

国家建立健全突发事件监测制度。

县级以上人民政府及其有关部门应当根据自然灾害、事故灾难和公共卫生事件的种类和特点，建立健全基础信息数据库，完善监测网络，划分监测区域，确定监测点，明确监测项目，提供必要的设备、设施，配备专职或者兼职人员，对可能发生的突发事件进行监测。

（《突发事件应对法》第58条）

2　突发事件信息系统的作用是什么?

国务院建立全国统一的突发事件信息系统。

县级以上地方人民政府应当建立或者确定本地区统一的突发事件信息系统，汇集、储存、分析、传输有关突发事件的信息，并与上级人民政府及其有关部门、下级人民政府及其有关部门、专业机构、监测网点和重点企业的突发事件信息系统实现互联互通，加强跨部门、跨地区的信息共享与情报合作。

（《突发事件应对法》第59条）

3 如何收集突发事件信息？

县级以上人民政府及其有关部门、专业机构应当通过多种途径收集突发事件信息。

县级人民政府应当在居民委员会、村民委员会和有关单位建立专职或者兼职信息报告员制度。

（《突发事件应对法》第60条第1款、第2款）

4 公民、法人及其他组织发现突发事件时应如何处理？

公民、法人或者其他组织发现发生突发事件，或者发现可能发生突发事件的异常情况，应当立即向所在地人民政府、有关主管部门或者指定的专业机构报告。接到报告的单位应当按照规定立即核实处理，对于不属于其职责的，应当立即移送相关单位核实处理。

任何单位和个人发现传染病病人或者疑似传染病病人时，应当及时向附近的疾病预防控制机构或者医疗机构报告。

（《突发事件应对法》第60条第3款、
《传染病防治法》第31条）

5 如何报送、报告突发事件信息？

地方各级人民政府应当按照国家有关规定向上级人民政府报送突发事件信息。县级以上人民政府有关主管部门应当向本级人民政府相关部门通报突发事件信息，并报告上级人民政府主管部门。专业机构、监测网点和信息报告员应当及时向所在地人民政府及其有关主管部门报告突发事件信息。

有关单位和人员报送、报告突发事件信息，应当做到及时、客观、真实，不得迟报、谎报、瞒报、漏报，不得授意他人迟报、谎报、瞒报，不得阻碍他人报告。

（《突发事件应对法》第61条）

6 发现《传染病防治法》规定的传染病疫情或者发现其他传染病暴发、流行以及突发原因不明的传染病时，应如何报告？

疾病预防控制机构、医疗机构和采供血机构及其执行职务的人员发现《传染病防治法》规定的传染病疫情或者发现其他传染病暴发、流行以及突发原因不明的传染病时，应当遵循疫情报告属地管理原则，按照国务院规定的或者国务院卫生行政部门规定的内容、程序、方式和时限报告。

军队医疗机构向社会公众提供医疗服务，发现上述传染病疫情时，应当按照国务院卫生行政部门的规定报告。

（《传染病防治法》第 30 条）

7 如何对突发事件隐患和监测信息进行汇总分析？

县级以上地方人民政府应当及时汇总分析突发事件隐患和监测信息，必要时组织相关部门、专业技术人员、专家学者进行会商，对发生突发事件的可能性及其可能造成的影响进行评估；认为可能发生重大或者特别重大突发事件的，应当立即向上级人民政府报告，并向上级人民政府有关部门、当地驻军和可能受到危害的毗邻或者相关地区的人民政府通报，及时采取预防措施。

（《突发事件应对法》第 62 条）

8 突发事件预警分为几级？由谁制定预警级别的划分标准？

国家建立健全突发事件预警制度。

可以预警的自然灾害、事故灾难和公共卫生事件的预警级别，按照突发事件发生的紧急程度、发展势态和可能造成的危害程度分为一级、二级、三级和四级，分别用红色、橙色、黄色和蓝色标示，一级为最高级别。

预警级别的划分标准由国务院或者国务院确定的部门制定。

（《突发事件应对法》第63条）

9 如何发布突发事件警报？发布警报应包含哪些内容？

可以预警的自然灾害、事故灾难或者公共卫

生事件即将发生或者发生的可能性增大时，县级以上地方人民政府应当根据有关法律、行政法规和国务院规定的权限和程序，发布相应级别的警报，决定并宣布有关地区进入预警期，同时向上一级人民政府报告，必要时可以越级上报；具备条件的，应当进行网络直报或者自动速报；同时向当地驻军和可能受到危害的毗邻或者相关地区的人民政府通报。

发布警报应当明确预警类别、级别、起始时间、可能影响的范围、警示事项、应当采取的措施、发布单位和发布时间等。

（《突发事件应对法》第64条）

10　如何对突发事件预警信息进行发布、接收和传播？

国家建立健全突发事件预警发布平台，按照有关规定及时、准确向社会发布突发事件预警信息。

广播、电视、报刊以及网络服务提供者、电信运营商应当按照国家有关规定，建立突发事件预警信息快速发布通道，及时、准确、无偿播发或者刊载突发事件预警信息。

公共场所和其他人员密集场所，应当指定专门人员负责突发事件预警信息接收和传播工作，做好相关设备、设施维护，确保突发事件预警信息及时、准确接收和传播。

（《突发事件应对法》第65条）

11 发布三级、四级警报，宣布进入预警期后，县级以上地方人民政府应当采取哪些措施？

发布三级、四级警报，宣布进入预警期后，县级以上地方人民政府应当根据即将发生的突发事件的特点和可能造成的危害，采取下列措施：

（1）启动应急预案；

（2）责令有关部门、专业机构、监测网点和负有特定职责的人员及时收集、报告有关信息，向社会公布反映突发事件信息的渠道，加强对突发事件发生、发展情况的监测、预报和预警工作；

（3）组织有关部门和机构、专业技术人员、有关专家学者，随时对突发事件信息进行分析评估，预测发生突发事件可能性的大小、影响范围和强度以及可能发生的突发事件的级别；

（4）定时向社会发布与公众有关的突发事件预测信息和分析评估结果，并对相关信息的报道工作进行管理；

（5）及时按照有关规定向社会发布可能受到突发事件危害的警告，宣传避免、减轻危害的常识，公布咨询或者求助电话等联络方式和渠道。

（《突发事件应对法》第66条）

12 发布一级、二级警报，宣布进入预警期后，县级以上地方人民政府应当采取哪些措施？

发布一级、二级警报，宣布进入预警期后，县级以上地方人民政府除采取发布三级、四级警报进入预警期的措施外，还应当针对即将发生的突发事件的特点和可能造成的危害，采取下列一项或者多项措施：

（1）责令应急救援队伍、负有特定职责的人员进入待命状态，并动员后备人员做好参加应急救援和处置工作的准备；

（2）调集应急救援所需物资、设备、工具，准备应急设施和应急避难、封闭隔离、紧急医疗救治等场所，并确保其处于良好状态、随时可以投入正常使用；

（3）加强对重点单位、重要部位和重要基础设施的安全保卫，维护社会治安秩序；

（4）采取必要措施，确保交通、通信、供

水、排水、供电、供气、供热、医疗卫生、广播电视、气象等公共设施的安全和正常运行；

（5）及时向社会发布有关采取特定措施避免或者减轻危害的建议、劝告；

（6）转移、疏散或者撤离易受突发事件危害的人员并予以妥善安置，转移重要财产；

（7）关闭或者限制使用易受突发事件危害的场所，控制或者限制容易导致危害扩大的公共场所的活动；

（8）法律、法规、规章规定的其他必要的防范性、保护性措施。

（《突发事件应对法》第67条）

13 发布警报，宣布进入预警期后，县级以上人民政府如何保障重要商品供应和稳定服务市场？

发布警报，宣布进入预警期后，县级以上人民政府应当对重要商品和服务市场情况加强监测，根据实际需要及时保障供应、稳定市场。

当重要商品和服务价格显著上涨或者有可能显著上涨，国务院和省、自治区、直辖市人民政府可以对部分价格采取限定差价率或者利润率、规定限价、实行提价申报制度和调价备案制度等干预措施。省、自治区、直辖市人民政府采取前述干预措施，应当报国务院备案。

（《突发事件应对法》第68条、《价格法》第30条）

14 如何报告即将发生或者已经发生的社会安全事件？

对即将发生或者已经发生的社会安全事件，县级以上地方人民政府及其有关主管部门应当按照规定向上一级人民政府及其有关主管部门报告，必要时可以越级上报，具备条件的，应当进行网络直报或者自动速报。

（《突发事件应对法》第69条）

15 什么情况下调整预警级别？什么情况下应当解除警报？

发布突发事件警报的人民政府应当根据事态的发展，按照有关规定适时调整预警级别并重新发布。

有事实证明不可能发生突发事件或者危险已经解除的，发布警报的人民政府应当立即宣布解除警报，终止预警期，并解除已经采取的有关措施。

（《突发事件应对法》第70条）

第五章　突发事件应急处置与救援

1 突发事件应急响应分为几级？由谁制定响应级别划分标准？

国家建立健全突发事件应急响应制度。

突发事件的应急响应级别，按照突发事件的性质、特点、可能造成的危害程度和影响范围等因素分为一级、二级、三级和四级，一级为最高级别。

突发事件应急响应级别划分标准由国务院或者国务院确定的部门制定。县级以上人民政府及其有关部门应当在突发事件应急预案中确定应急响应级别。

（《突发事件应对法》第 71 条）

2 如何启动应急响应？

突发事件发生后，履行统一领导职责或者组织处置突发事件的人民政府应当针对其性质、特点、危害程度和影响范围等，立即启动应急响应，组织有关部门，调动应急救援队伍和社会力量，依照法律、法规、规章和应急预案的规定，采取应急处置措施，并向上级人民政府报告；必要时，可以设立现场指挥部，负责现场应急处置与救援，统一指挥进入突发事件现场的单位和个人。

启动应急响应，应当明确响应事项、级别、预计期限、应急处置措施等。

（《突发事件应对法》第72条第1款、第2款）

3 如何引导社会力量参与应急处置与救援工作？

履行统一领导职责或者组织处置突发事件的人民政府，应当建立协调机制，提供需求信息，引导志愿服务组织和志愿者等社会力量及时有序参与应急处置与救援工作。

（《突发事件应对法》第72条第3款）

4 自然灾害、事故灾难或者公共卫生事件发生后，履行统一领导职责的人民政府应当采取哪些应急处置措施？

自然灾害、事故灾难或者公共卫生事件发生后，履行统一领导职责的人民政府应当采取下列一项或者多项应急处置措施：

（1）组织营救和救治受害人员，转移、疏散、撤离并妥善安置受到威胁的人员以及采取其他救助措施；

（2）迅速控制危险源，标明危险区域，封锁危险场所，划定警戒区，实行交通管制、限制人员流动、封闭管理以及其他控制措施；

（3）立即抢修被损坏的交通、通信、供水、排水、供电、供气、供热、医疗卫生、广播电视、气象等公共设施，向受到危害的人员提供避难场所和生活必需品，实施医疗救护和卫生防疫以及其他保障措施；

（4）禁止或者限制使用有关设备、设施，关闭或者限制使用有关场所，中止人员密集的活动或者可能导致危害扩大的生产经营活动以及采取其他保护措施；

（5）启用本级人民政府设置的财政预备费和储备的应急救援物资，必要时调用其他急需物资、设备、设施、工具；

（6）组织公民、法人和其他组织参加应急救援和处置工作，要求具有特定专长的人员提供服务；

（7）保障食品、饮用水、药品、燃料等基本生活必需品的供应；

（8）依法从严惩处囤积居奇、哄抬价格、牟取暴利、制假售假等扰乱市场秩序的行为，维护市场秩序；

（9）依法从严惩处哄抢财物、干扰破坏应急处置工作等扰乱社会秩序的行为，维护社会治安；

（10）开展生态环境应急监测，保护集中式饮用水水源地等环境敏感目标，控制和处置污染物；

（11）采取防止发生次生、衍生事件的必要措施。

（《突发事件应对法》第73条）

5 传染病暴发、流行时，县级以上地方人民政府可以采取哪些紧急措施？

传染病暴发、流行时，县级以上地方人民政府应当立即组织力量，按照预防、控制预案进行防治，切断传染病的传播途径，必要时，报经上一级人民政府决定，可以采取下列紧急措施并予以公告：

（1）限制或者停止集市、影剧院演出或者其他人群聚集的活动；

（2）停工、停业、停课；

（3）封闭或者封存被传染病病原体污染的公共饮用水源、食品以及相关物品；

（4）控制或者扑杀染疫野生动物、家畜家禽；

（5）封闭可能造成传染病扩散的场所。

（《传染病防治法》第42条第1款）

6 社会安全事件发生后，组织处置工作的人民政府应当采取哪些应急处置措施？

社会安全事件发生后，组织处置工作的人民政府应当立即启动应急响应，组织有关部门针对事件的性质和特点，依照有关法律、行政法规和国家其他有关规定，采取下列一项或者多项应急处置措施：

（1）强制隔离使用器械相互对抗或者以暴力行为参与冲突的当事人，妥善解决现场纠纷和争端，控制事态发展；

（2）对特定区域内的建筑物、交通工具、设备、设施以及燃料、燃气、电力、水的供应进行控制；

（3）封锁有关场所、道路，查验现场人员的身份证件，限制有关公共场所内的活动；

（4）加强对易受冲击的核心机关和单位的警卫，在国家机关、军事机关、国家通讯社、广播电台、电视台、外国驻华使领馆等单位附近设置临时警戒线；

（5）法律、行政法规和国务院规定的其他必要措施。

（《突发事件应对法》第74条）

7　突发事件发生后，什么情况下可以采取保障、控制等必要的应急措施？

发生突发事件，严重影响国民经济正常运行时，国务院或者国务院授权的有关主管部门可以采取保障、控制等必要的应急措施，保障人民群众的基本生活需要，最大限度地减轻突发事件的影响。

（《突发事件应对法》第75条）

8 医疗机构发现甲类传染病时，应当及时采取哪些措施？

医疗机构发现甲类传染病时，应当及时采取下列措施：

（1）对病人、病原携带者，予以隔离治疗，隔离期限根据医学检查结果确定；

（2）对疑似病人，确诊前在指定场所单独隔离治疗；

（3）对医疗机构内的病人、病原携带者、疑似病人的密切接触者，在指定场所进行医学观察和采取其他必要的预防措施。

（《传染病防治法》第39条第1款）

9 疾病预防控制机构发现传染病疫情或者接到传染病疫情报告时，应当及时采取哪些措施？

疾病预防控制机构发现传染病疫情或者接到传染病疫情报告时，应当及时采取下列措施：

（1）对传染病疫情进行流行病学调查，根据调查情况提出划定疫点、疫区的建议，对被污染的场所进行卫生处理，对密切接触者，在指定场所进行医学观察和采取其他必要的预防措施，并向卫生行政部门提出疫情控制方案；

（2）传染病暴发、流行时，对疫点、疫区进行卫生处理，向卫生行政部门提出疫情控制方案，并按照卫生行政部门的要求采取措施；

（3）指导下级疾病预防控制机构实施传染病预防、控制措施，组织、指导有关单位对传染病疫情的处理。

（《传染病防治法》第40条）

10 履行统一领导职责或者组织处置突发事件的人民政府及有关部门如何做好组织保障工作？

履行统一领导职责或者组织处置突发事件的人民政府及其有关部门，必要时可以向单位和个人征用应急救援所需设备、设施、场地、交通工具和其他物资，请求其他地方人民政府及其有关部门提供人力、物力、财力或者技术支援，要求生产、供应生活必需品和应急救援物资的企业组织生产、保证供给，要求提供医疗、交通等公共服务的组织提供相应的服务。

履行统一领导职责或者组织处置突发事件的人民政府和有关主管部门，应当组织协调运输经营单位，优先运送处置突发事件所需物资、设备、工具、应急救援人员和受到突发事件危害的人员。

履行统一领导职责或者组织处置突发事件的人民政府及其有关部门，应当为受突发事件影响无人照料的无民事行为能力人、限制民事行为能力人提供及时有效帮助；建立健全联系帮扶应急救援人员家庭制度，帮助解决实际困难。

（《突发事件应对法》第76条）

11 突发事件发生地的居民委员会、村民委员会和其他组织如何开展突发事件应对工作？

突发事件发生地的居民委员会、村民委员会和其他组织应当按照当地人民政府的决定、命令，进行宣传动员，组织群众开展自救与互救，协助维护社会秩序；情况紧急的，应当立即组织群众开展自救与互救等先期处置工作。

（《突发事件应对法》第77条）

12 突发事件发生地的单位有哪些职责？

受到自然灾害危害或者发生事故灾难、公共卫生事件的单位，应当立即组织本单位应急救援队伍和工作人员营救受害人员，疏散、撤离、安置受到威胁的人员，控制危险源，标明危险区域，封锁危险场所，并采取其他防止危害扩大的必要措施，同时向所在地县级人民政府报告；对因本单位的问题引发的或者主体是本单位人员的社会安全事件，有关单位应当按照规定上报情况，并迅速派出负责人赶赴现场开展劝解、疏导工作。

突发事件发生地的其他单位应当服从人民政府发布的决定、命令，配合人民政府采取的应急处置措施，做好本单位的应急救援工作，并积极组织人员参加所在地的应急救援和处置工作。

（《突发事件应对法》第78条）

13 突发事件发生地的个人有哪些义务？

突发事件发生地的个人应当依法服从人民政府、居民委员会、村民委员会或者所属单位的指挥和安排，配合人民政府采取的应急处置措施，积极参加应急救援工作，协助维护社会秩序。

（《突发事件应对法》第79条）

14 如何健全城乡社区组织应急工作机制？

国家支持城乡社区组织健全应急工作机制，强化城乡社区综合服务设施和信息平台应急功能，加强与突发事件信息系统数据共享，增强突发事件应急处置中保障群众基本生活和服务群众能力。

（《突发事件应对法》第80条）

15 如何加强对受突发事件影响的各类人群的心理援助工作?

国家采取措施，加强心理健康服务体系和人才队伍建设，支持引导心理健康服务人员和社会工作者对受突发事件影响的各类人群开展心理健康教育、心理评估、心理疏导、心理危机干预、心理行为问题诊治等心理援助工作。

（《突发事件应对法》第81条）

16 如何处理突发事件遇难人员的遗体和遗物?

对于突发事件遇难人员的遗体，应当按照法律和国家有关规定，科学规范处置，加强卫生防疫，维护逝者尊严。对于逝者的遗物应当妥善保管。

患甲类传染病、炭疽死亡的，应当将尸体立即进行卫生处理，就近火化。患其他传染病死亡的，必要时，应当将尸体进行卫生处理后火化或者按照规定深埋。

（《突发事件应对法》第82条、《传染病防治法》第46条第1款）

17 可以要求公民、法人和其他组织提供应急处置与救援需要的信息吗？

县级以上人民政府及其有关部门根据突发事件应对工作需要，在履行法定职责所必需的范围和限度内，可以要求公民、法人和其他组织提供应急处置与救援需要的信息。公民、法人和其他组织应当予以提供，法律另有规定的除外。县级以上人民政府及其有关部门对获取的相关信息，应当严格保密，并依法保护公民的通信自由和通信秘密。

（《突发事件应对法》第83条）

18 突发事件应急处置中获取需要的他人个人信息有什么要求？

在突发事件应急处置中，有关单位和个人因依照《突发事件应对法》规定配合突发事件应对工作或者履行相关义务，需要获取他人个人信息的，应当依照法律规定的程序和方式取得并确保信息安全，不得非法收集、使用、加工、传输他人个人信息，不得非法买卖、提供或者公开他人个人信息。

（《突发事件应对法》第84条）

19 使用在突发事件中获取的个人信息有什么要求？

因依法履行突发事件应对工作职责或者义务获取的个人信息，只能用于突发事件应对，并在突发事件应对工作结束后予以销毁。确因依法作为证据使用或者调查评估需要留存或者延期销毁的，应当按照规定进行合法性、必要性、安全性评估，并采取相应保护和处理措施，严格依法使用。

（《突发事件应对法》第 85 条）

第六章　突发事件事后恢复与重建

1　突发事件的威胁和危害得到控制或者消除后，履行统一领导职责或者组织处置突发事件的人民政府应采取哪些措施？

突发事件的威胁和危害得到控制或者消除后，履行统一领导职责或者组织处置突发事件的人民政府应当宣布解除应急响应，停止执行依照《突发事件应对法》规定采取的应急处置措施，同时采取或者继续实施必要措施，防止发生自然灾害、事故灾难、公共卫生事件的次生、衍生事件或者重新引发社会安全事件，组织受影响地区尽快恢复社会秩序。

（《突发事件应对法》第86条）

2 突发事件应急处置工作结束后，相关人民政府应履行哪些职责？

突发事件应急处置工作结束后，履行统一领导职责的人民政府应当立即组织对突发事件造成的影响和损失进行调查评估，制定恢复重建计划，并向上一级人民政府报告。

受突发事件影响地区的人民政府应当及时组织和协调应急管理、卫生健康、公安、交通、铁路、民航、邮政、电信、建设、生态环境、水利、能源、广播电视等有关部门恢复社会秩序，尽快修复被损坏的交通、通信、供水、排水、供电、供气、供热、医疗卫生、水利、广播电视等公共设施。

（《突发事件应对法》第87条）

3 上一级人民政府如何支持受突发事件影响地区开展恢复重建工作?

受突发事件影响地区的人民政府开展恢复重建工作需要上一级人民政府支持的，可以向上一级人民政府提出请求。上一级人民政府应当根据受影响地区遭受的损失和实际情况，提供资金、物资支持和技术指导，组织协调其他地区和有关方面提供资金、物资和人力支援。

（《突发事件应对法》第 88 条）

4 如何开展受突发事件影响地区的善后工作?

国务院根据受突发事件影响地区遭受损失的情况，制定扶持该地区有关行业发展的优惠政策。

受突发事件影响地区的人民政府应当根据本地

区遭受的损失和采取应急处置措施的情况，制定救助、补偿、抚慰、抚恤、安置等善后工作计划并组织实施，妥善解决因处置突发事件引发的矛盾纠纷。

（《突发事件应对法》第89条）

5 公民在参加应急救援工作或者协助维护社会秩序期间有何保障？

公民参加应急救援工作或者协助维护社会秩序期间，其所在单位应当保证其工资待遇和福利不变，并可以按照规定给予相应补助。

（《突发事件应对法》第90条）

6 如何落实对应急救援工作中伤亡人员的保障政策？

县级以上人民政府对在应急救援工作中伤亡的

人员依法落实工伤待遇、抚恤或者其他保障政策，并组织做好应急救援工作中致病人员的医疗救治工作。

（《突发事件应对法》第91条）

7　人民政府如何对突发事件进行查明和总结工作？

履行统一领导职责的人民政府在突发事件应对工作结束后，应当及时查明突发事件的发生经过和原因，总结突发事件应急处置工作的经验教训，制定改进措施，并向上一级人民政府提出报告。

（《突发事件应对法》第92条）

8　突发事件应对工作中，哪些情况应接受审计监督？

突发事件应对工作中有关资金、物资的筹集、管理、分配、拨付和使用等情况，应当依法接受审计机关的审计监督。

（《突发事件应对法》第 93 条）

9 如何处理突发事件应对工作中形成的材料？

国家档案主管部门应当建立健全突发事件应对工作相关档案收集、整理、保护、利用工作机制。突发事件应对工作中形成的材料，应当按照国家规定归档，并向相关档案馆移交。

（《突发事件应对法》第 94 条）

第七章　法律责任

1 地方各级人民政府和县级以上人民政府有关部门不履行或者不正确履行法定职责要如何处理?

地方各级人民政府和县级以上人民政府有关部门违反《突发事件应对法》的规定，不履行或者不正确履行法定职责的，由其上级行政机关责令改正；有下列情形之一，由有关机关综合考虑突发事件发生的原因、后果、应对处置情况、行为人过错等因素，对负有责任的领导人员和直接责任人员依法给予处分：

（1）未按照规定采取预防措施，导致发生突发事件，或者未采取必要的防范措施，导致发生次生、衍生事件的；

（2）迟报、谎报、瞒报、漏报或者授意他人迟报、谎报、瞒报以及阻碍他人报告有关突发事件的信息，或者通报、报送、公布虚假信息，造成后果的；

（3）未按照规定及时发布突发事件警报、采取预警期的措施，导致损害发生的；

（4）未按照规定及时采取措施处置突发事件或者处置不当，造成后果的；

（5）违反法律规定采取应对措施，侵犯公民生命健康权益的；

（6）不服从上级人民政府对突发事件应急处置工作的统一领导、指挥和协调的；

（7）未及时组织开展生产自救、恢复重建等善后工作的；

（8）截留、挪用、私分或者变相私分应急救援资金、物资的；

（9）不及时归还征用的单位和个人的财产，或者对被征用财产的单位和个人不按照规定给予补偿的。

（《突发事件应对法》第95条）

2 有关单位不履行或者不正确履行突发事件预防及应对职责要如何处理？

有关单位有下列情形之一，由所在地履行统一领导职责的人民政府有关部门责令停产停业，暂扣或者吊销许可证件，并处 5 万元以上 20 万元以下的罚款；情节特别严重的，并处 20 万元以上 100 万元以下的罚款：

（1）未按照规定采取预防措施，导致发生较大以上突发事件的；

（2）未及时消除已发现的可能引发突发事件的隐患，导致发生较大以上突发事件的；

（3）未做好应急物资储备和应急设备、设施日常维护、检测工作，导致发生较大以上突发事件或者突发事件危害扩大的；

（4）突发事件发生后，不及时组织开展应急救援工作，造成严重后果的。

其他法律对上述行为规定了处罚的，依照较重的规定处罚。

（《突发事件应对法》第 96 条）

3 编造并传播有关突发事件的虚假信息，或者明知是有关突发事件的虚假信息而进行传播的要如何处理？

违反《突发事件应对法》的规定，编造并传播有关突发事件的虚假信息，或者明知是有关突发事件的虚假信息而进行传播的，责令改正，给予警告；造成严重后果的，依法暂停其业务活动或者吊销其许可证件；负有直接责任的人员是公职人员的，还应当依法给予处分。

（《突发事件应对法》第 97 条）

4 单位或者个人不服从所在地人民政府及其有关部门依法发布的决定、命令或者不配合其依法采取的措施的要如何处理？

单位或者个人违反《突发事件应对法》规定，不服从所在地人民政府及其有关部门依法发布的决定、命令或者不配合其依法采取的措施的，责令改正；造成严重后果的，依法给予行政处罚；负有直接责任的人员是公职人员的，还应当依法给予处分。

（《突发事件应对法》第98条）

5 单位或者个人违反法律规定，导致突发事件发生或者危害扩大的要承担什么法律责任？

单位或者个人违反《突发事件应对法》规定，导致突发事件发生或者危害扩大，造成人身、财产或者其他损害的，应当依法承担民事责任。

（《突发事件应对法》第100条）

6 为了使本人或者他人的人身、财产免受正在发生的危险而采取避险措施，造成损害的，如何承担责任？

因紧急避险造成损害的，由引起险情发生的人承担民事责任。危险由自然原因引起的，紧急避险人不承担民事责任，可以给予适当补偿。紧急避险采取措施不当或者超过必要的限度，造成不应有的损害的，紧急避险人应当承担适当的民事责任。紧急避险超过必要限度造成不应有的损害的，应当负刑事责任，但是应当减轻或者免除处罚。

（《突发事件应对法》第 101 条、《民法典》第 182 条、《刑法》第 21 条第 2 款）

附录

中华人民共和国突发事件应对法

（2007年8月30日第十届全国人民代表大会常务委员会第二十九次会议通过　2024年6月28日第十四届全国人民代表大会常务委员会第十次会议修订　2024年6月28日中华人民共和国主席令第25号公布　自2024年11月1日起施行）

目　录

第一章　总　　则

第一条　为了预防和减少突发事件的发生，控制、减轻和消除突发事件引起的严重社会危害，提高突发事件预防和应对能力，规范突发事件应对活动，保护人民生命财产安全，维护国家安全、公共安全、生态环境安全和社会秩序，根据宪法，制定本法。

第二条　本法所称突发事件，是指突然发生，造成或者可能造成严重社会危害，需要采取应急处置措施予以应对的自然灾害、事故灾难、公共卫生事件和社会安全事件。

突发事件的预防与应急准备、监测与预警、应急处置与救援、事后恢复与重建等应对活动，适用本法。

《中华人民共和国传染病防治法》等有关法律对突发公共卫生事件应对作出规定的，适用其规定。有关法律没有规定的，适用本法。

第三条 按照社会危害程度、影响范围等因素，突发自然灾害、事故灾难、公共卫生事件分为特别重大、重大、较大和一般四级。法律、行政法规或者国务院另有规定的，从其规定。

突发事件的分级标准由国务院或者国务院确定的部门制定。

第四条 突发事件应对工作坚持中国共产党的领导，坚持以马克思列宁主义、毛泽东思想、邓小平理论、“三个代表”重要思想、科学发展观、习近平新时代中国特色社会主义思想为指导，建立健全集中统一、高效权威的中国特色突发事件应对工作领导体制，完善党委领导、政府负责、部门联动、军地联合、社会协同、公众参与、科技支撑、法治保障的治理体系。

第五条 突发事件应对工作应当坚持总体国家安全观，统筹发展与安全；坚持人民至上、生命至上；坚持依法科学应对，尊重和保障人权；坚持预防为主、预防与应急相结合。

第六条 国家建立有效的社会动员机制，组织动员企业事业单位、社会组织、志愿者等各方力量依法有序参与突发事件应对工作，增强全民的公共安全和防范风险的意识，提高全社会的避险救助能力。

第七条 国家建立健全突发事件信息发布制度。有关人民政府和部门应当及时向社会公布突发事件相关信息和有关突发事件应对的决定、命令、措施等信息。

任何单位和个人不得编造、故意传播有关突发事件的虚假信息。有关人民政府和部门发现影响或者可能影响社会稳定、扰乱社会和经济管理秩序的虚假或者不完整信息的，应当及时发布准确的信息予以澄清。

第八条 国家建立健全突发事件新闻采访报道制度。有关人民政府和部门应当做好新闻媒体服务引导工作，支持新闻媒体开展采访报道和舆论监督。

新闻媒体采访报道突发事件应当及时、准确、客观、公正。

新闻媒体应当开展突发事件应对法律法规、预防与应急、自救与互救知识等的公益宣传。

第九条 国家建立突发事件应对工作投诉、举报制度，公布统一的投诉、举报方式。

对于不履行或者不正确履行突发事件应对工作职责的行为，任何单位和个人有权向有关人民政府和部门投诉、举报。

接到投诉、举报的人民政府和部门应当依照规定立即组织调查处理，并将调查处理结果以适当方式告知投诉人、举报人；投诉、举报事项不属于其职责的，应当及时移送有关机关处理。

有关人民政府和部门对投诉人、举报人的相关信息应当予以保密，保护投诉人、举报人的合法权益。

第十条 突发事件应对措施应当与突发事件可能造成的社会危害的性质、程度和范围相适应；有多种措施可供选择的，应当选择有利于最大程度地保护公民、法人和其他组织权益，且对他人权益损害和生态环境影响较小的措施，并根据情况变化及时调整，做到科学、精准、有效。

第十一条 国家在突发事件应对工作中，应当对未成年人、老年人、残疾人、孕产期和哺乳期的妇女、需要及时就医的伤病人员等群体给予特殊、优先保护。

第十二条 县级以上人民政府及其部门为应对突发事件的紧急需要，可以征用单位和个人的设备、设施、场地、交通工具等财产。被征用的财产在使用完毕或者突发事件应急处置工作结束后，应当及时返还。财产被征用或者征用后毁损、灭失的，应当给予公平、合理的补偿。

第十三条 因依法采取突发事件应对措施，致使诉讼、监察调查、行政复议、仲裁、国家赔偿等活动不能正常进行的，适用有关时效中止和程序中止的规定，法律另有规定的除外。

第十四条 中华人民共和国政府在突发事件的预防与应急准备、监测与预警、应急处置与救援、事后恢复与重建等方面，同外国政府和有关国际组织开展合作与交流。

第十五条 对在突发事件应对工作中做出突出贡献的单位和个人，按照国家有关规定给予表彰、奖励。

第二章 管理与指挥体制

第十六条 国家建立统一指挥、专常兼备、反应灵敏、上下联动的应急管理体制和综合协调、分类管理、分级负责、属地管理为主的工作体系。

第十七条 县级人民政府对本行政区域内突发事件的应对管理工作负责。突发事件发生后，发生地县级人民政府应当立即采取措施控制事态发展，组织开展应急救援和处置工作，并立即向上一级人民政府报告，必要时可以越级上报，具备条件的，应当进行网络直报或者自动速报。

突发事件发生地县级人民政府不能消除或者不能有效控制突发事件引起的严重社会危害的，应当及时向上级人民政府报告。上级人民政府应当及时采取措施，统一领导应急处置工作。

法律、行政法规规定由国务院有关部门对突发事件应对管理工作负责的，从其规定；地方人民政府应当积极配合并提供必要的支持。

第十八条 突发事件涉及两个以上行政区域的，其应对管理工作由有关行政区域共同的上一级人民政府负责，或者由各有关行政区域的上一级人民政府共同负责。共同负责的人民政府应当按照国家有关规定，建立信息共享和协调配合机制。根据共同应对突发事件的需要，地方人民政府之间可以建立协同应对机制。

第十九条 县级以上人民政府是突发事件应对管理工作的行政领导机关。

国务院在总理领导下研究、决定和部署特别重大突发事件的应对工作；根据实际需要，设立国家突发事件应急指挥机构，负责突发事件应对工作；必要时，国务院可以派出工作组指导有关工作。

县级以上地方人民政府设立由本级人民政府主要负责人、相关部门负责人、国家综合性消防救援队伍和驻当地中国人民解放军、中国人民武装警察部队有关负责人等组成的突发事件应急指挥机构，统一领导、协调本级人民政府各有关部门和下级人民政府开展突发事件应对工作；根据实际需要，设立相关类别突发事件应急指挥机构，组织、协调、指挥突发事件应对工作。

第二十条 突发事件应急指挥机构在突发事件应对过程中可以依法发布有关突发事件应对的决定、命令、措施。突发事件应急指挥机构发布的决定、命令、措施与设立它的人民政府发布的决定、命令、措施具有同等效力，法律责任由设立它的人民政府承担。

第二十一条 县级以上人民政府应急管理部门和卫生健康、公安等有关部门应当在各自职责范围内做好有关突发事件应对管理工作，并指导、协助下级人民政府及其相应部门做好有关突发事件的应对管理工作。

第二十二条 乡级人民政府、街道办事处应当明确专门工作力量，负责突发事件应对有关工作。

居民委员会、村民委员会依法协助人民政府和有关部门做好突发事件应对工作。

第二十三条 公民、法人和其他组织有义务参与突发事件应对工作。

第二十四条 中国人民解放军、中国人民武装警察部队和民兵组织依照本法和其他有关法律、行政法规、军事法规的规定以及国务院、中央军事委员会的命令，参加突发事件的应急救援和处置工作。

第二十五条 县级以上人民政府及其设立的突发事件应急指挥机构发布的有关突发事件应对的决定、命令、措施，应当及时报本级人民代表大会常务委员会备案；突发事件应急处置工作结束后，应当向本级人民代表大会常务委员会作出专项工作报告。

第三章 预防与应急准备

第二十六条 国家建立健全突发事件应急预案体系。

国务院制定国家突发事件总体应急预案，组织制定国家突发事件专项应急预案；国务院有关部门根据各自的职责和国务院相关应急预案，制定国家突发事件部门应急预案并报国务院备案。

地方各级人民政府和县级以上地方人民政府有关部门根据有关法律、法规、规章、上级人民政府及其有关部门的应急预案以及本地区、本部门的实际情况，制定相应的突发事件应急预案并按国务院有关规定备案。

第二十七条 县级以上人民政府应急管理部门指导突发事件应急预案体系建设，综合协调应急预案衔接工作，增强有关应急预案的衔接性和实效性。

第二十八条　应急预案应当根据本法和其他有关法律、法规的规定，针对突发事件的性质、特点和可能造成的社会危害，具体规定突发事件应对管理工作的组织指挥体系与职责和突发事件的预防与预警机制、处置程序、应急保障措施以及事后恢复与重建措施等内容。

应急预案制定机关应当广泛听取有关部门、单位、专家和社会各方面意见，增强应急预案的针对性和可操作性，并根据实际需要、情势变化、应急演练中发现的问题等及时对应急预案作出修订。

应急预案的制定、修订、备案等工作程序和管理办法由国务院规定。

第二十九条　县级以上人民政府应当将突发事件应对工作纳入国民经济和社会发展规划。县级以上人民政府有关部门应当制定突发事件应急体系建设规划。

第三十条　国土空间规划等规划应当符合预防、处置突发事件的需要，统筹安排突发事件应对工作所必需的设备和基础设施建设，合理确定应急避难、封闭隔离、紧急医疗救治等场所，实现日常使用和应急使用的相互转换。

第三十一条　国务院应急管理部门会同卫生健康、自然资源、住房城乡建设等部门统筹、指导全国应急避难场所的建设和管理工作，建立健全应急避难场所标准体系。县级以上地方人民政府负责本行政区域内应急避难场所的规划、建设和管理工作。

第三十二条　国家建立健全突发事件风险评估体系，对可能发生的突发事件进行综合性评估，有针对性地采取有效防范措施，减少突发事件的发生，最大限度减轻突发事件的影响。

第三十三条　县级人民政府应当对本行政区域内容易引发自然

灾害、事故灾难和公共卫生事件的危险源、危险区域进行调查、登记、风险评估，定期进行检查、监控，并责令有关单位采取安全防范措施。

省级和设区的市级人民政府应当对本行政区域内容易引发特别重大、重大突发事件的危险源、危险区域进行调查、登记、风险评估，组织进行检查、监控，并责令有关单位采取安全防范措施。

县级以上地方人民政府应当根据情况变化，及时调整危险源、危险区域的登记。登记的危险源、危险区域及其基础信息，应当按照国家有关规定接入突发事件信息系统，并及时向社会公布。

第三十四条 县级人民政府及其有关部门、乡级人民政府、街道办事处、居民委员会、村民委员会应当及时调解处理可能引发社会安全事件的矛盾纠纷。

第三十五条 所有单位应当建立健全安全管理制度，定期开展危险源辨识评估，制定安全防范措施；定期检查本单位各项安全防范措施的落实情况，及时消除事故隐患；掌握并及时处理本单位存在的可能引发社会安全事件的问题，防止矛盾激化和事态扩大；对本单位可能发生的突发事件和采取安全防范措施的情况，应当按照规定及时向所在地人民政府或者有关部门报告。

第三十六条 矿山、金属冶炼、建筑施工单位和易燃易爆物品、危险化学品、放射性物品等危险物品的生产、经营、运输、储存、使用单位，应当制定具体应急预案，配备必要的应急救援器材、设备和物资，并对生产经营场所、有危险物品的建筑物、构筑物及周边环境开展隐患排查，及时采取措施管控风险和消除隐患，防止发生突发事件。

第三十七条 公共交通工具、公共场所和其他人员密集场所的经营单位或者管理单位应当制定具体应急预案，为交通工具和有关场所配备报警装置和必要的应急救援设备、设施，注明其使用方法，并显著标明安全撤离的通道、路线，保证安全通道、出口的畅通。

有关单位应当定期检测、维护其报警装置和应急救援设备、设施，使其处于良好状态，确保正常使用。

第三十八条 县级以上人民政府应当建立健全突发事件应对管理培训制度，对人民政府及其有关部门负有突发事件应对管理职责的工作人员以及居民委员会、村民委员会有关人员定期进行培训。

第三十九条 国家综合性消防救援队伍是应急救援的综合性常备骨干力量，按照国家有关规定执行综合应急救援任务。县级以上人民政府有关部门可以根据实际需要设立专业应急救援队伍。

县级以上人民政府及其有关部门可以建立由成年志愿者组成的应急救援队伍。乡级人民政府、街道办事处和有条件的居民委员会、村民委员会可以建立基层应急救援队伍，及时、就近开展应急救援。单位应当建立由本单位职工组成的专职或者兼职应急救援队伍。

国家鼓励和支持社会力量建立提供社会化应急救援服务的应急救援队伍。社会力量建立的应急救援队伍参与突发事件应对工作应当服从履行统一领导职责或者组织处置突发事件的人民政府、突发事件应急指挥机构的统一指挥。

县级以上人民政府应当推动专业应急救援队伍与非专业应急救援队伍联合培训、联合演练，提高合成应急、协同应急的能力。

第四十条 地方各级人民政府、县级以上人民政府有关部门、有关单位应当为其组建的应急救援队伍购买人身意外伤害保险，配备必要的防护装备和器材，防范和减少应急救援人员的人身伤害风险。

专业应急救援人员应当具备相应的身体条件、专业技能和心理素质，取得国家规定的应急救援职业资格，具体办法由国务院应急管理部门会同国务院有关部门制定。

第四十一条 中国人民解放军、中国人民武装警察部队和民兵组织应当有计划地组织开展应急救援的专门训练。

第四十二条 县级人民政府及其有关部门、乡级人民政府、街道办事处应当组织开展面向社会公众的应急知识宣传普及活动和必要的应急演练。

居民委员会、村民委员会、企业事业单位、社会组织应当根据所在地人民政府的要求，结合各自的实际情况，开展面向居民、村民、职工等的应急知识宣传普及活动和必要的应急演练。

第四十三条 各级各类学校应当把应急教育纳入教育教学计划，对学生及教职工开展应急知识教育和应急演练，培养安全意识，提高自救与互救能力。

教育主管部门应当对学校开展应急教育进行指导和监督，应急管理等部门应当给予支持。

第四十四条 各级人民政府应当将突发事件应对工作所需经费纳入本级预算，并加强资金管理，提高资金使用绩效。

第四十五条 国家按照集中管理、统一调拨、平时服务、灾时应急、采储结合、节约高效的原则，建立健全应急物资储备保障制度，动态更新应急物资储备品种目录，完善重要应急物资的监管、生产、采购、储备、调拨和紧急配送体系，促进安全应急产业发展，优化产业布局。

国家储备物资品种目录、总体发展规划，由国务院发展改革部门会同国务院有关部门拟订。国务院应急管理等部门依据职责制定应急物资储备规划、品种目录，并组织实施。应急物资储备规划应当纳入国家储备总体发展规划。

第四十六条 设区的市级以上人民政府和突发事件易发、多发地区的县级人民政府应当建立应急救援物资、生活必需品和应急处置装备的储备保障制度。

县级以上地方人民政府应当根据本地区的实际情况和突发事件应对工作的需要，依法与有条件的企业签订协议，保障应急救援物资、生活必需品和应急处置装备的生产、供给。有关企业应当根据协议，按照县级以上地方人民政府要求，进行应急救援物资、生活必需品和应急处置装备的生产、供给，并确保符合国家有关产品质量的标准和要求。

国家鼓励公民、法人和其他组织储备基本的应急自救物资和生活必需品。有关部门可以向社会公布相关物资、物品的储备指南和建议清单。

第四十七条　国家建立健全应急运输保障体系，统筹铁路、公路、水运、民航、邮政、快递等运输和服务方式，制定应急运输保障方案，保障应急物资、装备和人员及时运输。

县级以上地方人民政府和有关主管部门应当根据国家应急运输保障方案，结合本地区实际做好应急调度和运力保障，确保运输通道和客货运枢纽畅通。

国家发挥社会力量在应急运输保障中的积极作用。社会力量参与突发事件应急运输保障，应当服从突发事件应急指挥机构的统一指挥。

第四十八条　国家建立健全能源应急保障体系，提高能源安全保障能力，确保受突发事件影响地区的能源供应。

第四十九条　国家建立健全应急通信、应急广播保障体系，加强应急通信系统、应急广播系统建设，确保突发事件应对工作的通信、广播安全畅通。

第五十条　国家建立健全突发事件卫生应急体系，组织开展突发事件中的医疗救治、卫生学调查处置和心理援助等卫生应急工作，有效控制和消除危害。

第五十一条 县级以上人民政府应当加强急救医疗服务网络的建设，配备相应的医疗救治物资、设施设备和人员，提高医疗卫生机构应对各类突发事件的救治能力。

第五十二条 国家鼓励公民、法人和其他组织为突发事件应对工作提供物资、资金、技术支持和捐赠。

接受捐赠的单位应当及时公开接受捐赠的情况和受赠财产的使用、管理情况，接受社会监督。

第五十三条 红十字会在突发事件中，应当对伤病人员和其他受害者提供紧急救援和人道救助，并协助人民政府开展与其职责相关的其他人道主义服务活动。有关人民政府应当给予红十字会支持和资助，保障其依法参与应对突发事件。

慈善组织在发生重大突发事件时开展募捐和救助活动，应当在有关人民政府的统筹协调、有序引导下依法进行。有关人民政府应当通过提供必要的需求信息、政府购买服务等方式，对慈善组织参与应对突发事件、开展应急慈善活动予以支持。

第五十四条 有关单位应当加强应急救援资金、物资的管理，提高使用效率。

任何单位和个人不得截留、挪用、私分或者变相私分应急救援资金、物资。

第五十五条 国家发展保险事业，建立政府支持、社会力量参与、市场化运作的巨灾风险保险体系，并鼓励单位和个人参加保险。

第五十六条 国家加强应急管理基础科学、重点行业领域关键核心技术的研究，加强互联网、云计算、大数据、人工智能等现代技术手段在突发事件应对工作中的应用，鼓励、扶持有条件的教学科研机构、企业培养应急管理人才和科技人才，研发、推广新技术、新材料、新设备和新工具，提高突发事件应对能力。

第五十七条 县级以上人民政府及其有关部门应当建立健全突发事件专家咨询论证制度，发挥专业人员在突发事件应对工作中的作用。

第四章 监测与预警

第五十八条 国家建立健全突发事件监测制度。

县级以上人民政府及其有关部门应当根据自然灾害、事故灾难和公共卫生事件的种类和特点，建立健全基础信息数据库，完善监测网络，划分监测区域，确定监测点，明确监测项目，提供必要的设备、设施，配备专职或者兼职人员，对可能发生的突发事件进行监测。

第五十九条 国务院建立全国统一的突发事件信息系统。

县级以上地方人民政府应当建立或者确定本地区统一的突发事件信息系统，汇集、储存、分析、传输有关突发事件的信息，并与上级人民政府及其有关部门、下级人民政府及其有关部门、专业机构、监测网点和重点企业的突发事件信息系统实现互联互通，加强跨部门、跨地区的信息共享与情报合作。

第六十条 县级以上人民政府及其有关部门、专业机构应当通过多种途径收集突发事件信息。

县级人民政府应当在居民委员会、村民委员会和有关单位建立专职或者兼职信息报告员制度。

公民、法人或者其他组织发现发生突发事件，或者发现可能发生突发事件的异常情况，应当立即向所在地人民政府、有关主管部门或者指定的专业机构报告。接到报告的单位应当按照规定立即核实处理，对于不属于其职责的，应当立即移送相关单位核实处理。

第六十一条 地方各级人民政府应当按照国家有关规定向上级

人民政府报送突发事件信息。县级以上人民政府有关主管部门应当向本级人民政府相关部门通报突发事件信息，并报告上级人民政府主管部门。专业机构、监测网点和信息报告员应当及时向所在地人民政府及其有关主管部门报告突发事件信息。

有关单位和人员报送、报告突发事件信息，应当做到及时、客观、真实，不得迟报、谎报、瞒报、漏报，不得授意他人迟报、谎报、瞒报，不得阻碍他人报告。

第六十二条 县级以上地方人民政府应当及时汇总分析突发事件隐患和监测信息，必要时组织相关部门、专业技术人员、专家学者进行会商，对发生突发事件的可能性及其可能造成的影响进行评估；认为可能发生重大或者特别重大突发事件的，应当立即向上级人民政府报告，并向上级人民政府有关部门、当地驻军和可能受到危害的毗邻或者相关地区的人民政府通报，及时采取预防措施。

第六十三条 国家建立健全突发事件预警制度。

可以预警的自然灾害、事故灾难和公共卫生事件的预警级别，按照突发事件发生的紧急程度、发展势态和可能造成的危害程度分为一级、二级、三级和四级，分别用红色、橙色、黄色和蓝色标示，一级为最高级别。

预警级别的划分标准由国务院或者国务院确定的部门制定。

第六十四条 可以预警的自然灾害、事故灾难或者公共卫生事件即将发生或者发生的可能性增大时，县级以上地方人民政府应当根据有关法律、行政法规和国务院规定的权限和程序，发布相应级别的警报，决定并宣布有关地区进入预警期，同时向上一级人民政府报告，必要时可以越级上报；具备条件的，应当进行网络直报或者自动速报；同时向当地驻军和可能受到危害的毗邻或者相关地区的人民政府通报。

发布警报应当明确预警类别、级别、起始时间、可能影响的范围、警示事项、应当采取的措施、发布单位和发布时间等。

第六十五条 国家建立健全突发事件预警发布平台，按照有关规定及时、准确向社会发布突发事件预警信息。

广播、电视、报刊以及网络服务提供者、电信运营商应当按照国家有关规定，建立突发事件预警信息快速发布通道，及时、准确、无偿播发或者刊载突发事件预警信息。

公共场所和其他人员密集场所，应当指定专门人员负责突发事件预警信息接收和传播工作，做好相关设备、设施维护，确保突发事件预警信息及时、准确接收和传播。

第六十六条 发布三级、四级警报，宣布进入预警期后，县级以上地方人民政府应当根据即将发生的突发事件的特点和可能造成的危害，采取下列措施：

（一）启动应急预案；

（二）责令有关部门、专业机构、监测网点和负有特定职责的人员及时收集、报告有关信息，向社会公布反映突发事件信息的渠道，加强对突发事件发生、发展情况的监测、预报和预警工作；

（三）组织有关部门和机构、专业技术人员、有关专家学者，随时对突发事件信息进行分析评估，预测发生突发事件可能性的大小、影响范围和强度以及可能发生的突发事件的级别；

（四）定时向社会发布与公众有关的突发事件预测信息和分析评估结果，并对相关信息的报道工作进行管理；

（五）及时按照有关规定向社会发布可能受到突发事件危害的警告，宣传避免、减轻危害的常识，公布咨询或者求助电话等联络方式和渠道。

第六十七条 发布一级、二级警报，宣布进入预警期后，县级以上地方人民政府除采取本法第六十六条规定的措施外，还应当针对即将发生的突发事件的特点和可能造成的危害，采取下列一项或者多项措施：

（一）责令应急救援队伍、负有特定职责的人员进入待命状态，并动员后备人员做好参加应急救援和处置工作的准备；

（二）调集应急救援所需物资、设备、工具，准备应急设施和应急避难、封闭隔离、紧急医疗救治等场所，并确保其处于良好状态、随时可以投入正常使用；

（三）加强对重点单位、重要部位和重要基础设施的安全保卫，维护社会治安秩序；

（四）采取必要措施，确保交通、通信、供水、排水、供电、供气、供热、医疗卫生、广播电视、气象等公共设施的安全和正常运行；

（五）及时向社会发布有关采取特定措施避免或者减轻危害的建议、劝告；

（六）转移、疏散或者撤离易受突发事件危害的人员并予以妥善安置，转移重要财产；

（七）关闭或者限制使用易受突发事件危害的场所，控制或者限制容易导致危害扩大的公共场所的活动；

（八）法律、法规、规章规定的其他必要的防范性、保护性措施。

第六十八条 发布警报，宣布进入预警期后，县级以上人民政府应当对重要商品和服务市场情况加强监测，根据实际需要及时保障供应、稳定市场。必要时，国务院和省、自治区、直辖市人民政府可以按照《中华人民共和国价格法》等有关法律规定采取相应措施。

第六十九条 对即将发生或者已经发生的社会安全事件，县级以上地方人民政府及其有关主管部门应当按照规定向上一级人民政府及其有关主管部门报告，必要时可以越级上报，具备条件的，应当进行网络直报或者自动速报。

第七十条　发布突发事件警报的人民政府应当根据事态的发展，按照有关规定适时调整预警级别并重新发布。

有事实证明不可能发生突发事件或者危险已经解除的，发布警报的人民政府应当立即宣布解除警报，终止预警期，并解除已经采取的有关措施。

第五章　应急处置与救援

第七十一条　国家建立健全突发事件应急响应制度。

突发事件的应急响应级别，按照突发事件的性质、特点、可能造成的危害程度和影响范围等因素分为一级、二级、三级和四级，一级为最高级别。

突发事件应急响应级别划分标准由国务院或者国务院确定的部门制定。县级以上人民政府及其有关部门应当在突发事件应急预案中确定应急响应级别。

第七十二条　突发事件发生后，履行统一领导职责或者组织处置突发事件的人民政府应当针对其性质、特点、危害程度和影响范围等，立即启动应急响应，组织有关部门，调动应急救援队伍和社会力量，依照法律、法规、规章和应急预案的规定，采取应急处置措施，并向上级人民政府报告；必要时，可以设立现场指挥部，负责现场应急处置与救援，统一指挥进入突发事件现场的单位和个人。

启动应急响应，应当明确响应事项、级别、预计期限、应急处置措施等。

履行统一领导职责或者组织处置突发事件的人民政府，应当建立协调机制，提供需求信息，引导志愿服务组织和志愿者等社会力量及时有序参与应急处置与救援工作。

第七十三条 自然灾害、事故灾难或者公共卫生事件发生后，履行统一领导职责的人民政府应当采取下列一项或者多项应急处置措施：

（一）组织营救和救治受害人员，转移、疏散、撤离并妥善安置受到威胁的人员以及采取其他救助措施；

（二）迅速控制危险源，标明危险区域，封锁危险场所，划定警戒区，实行交通管制、限制人员流动、封闭管理以及其他控制措施；

（三）立即抢修被损坏的交通、通信、供水、排水、供电、供气、供热、医疗卫生、广播电视、气象等公共设施，向受到危害的人员提供避难场所和生活必需品，实施医疗救护和卫生防疫以及其他保障措施；

（四）禁止或者限制使用有关设备、设施，关闭或者限制使用有关场所，中止人员密集的活动或者可能导致危害扩大的生产经营活动以及采取其他保护措施；

（五）启用本级人民政府设置的财政预备费和储备的应急救援物资，必要时调用其他急需物资、设备、设施、工具；

（六）组织公民、法人和其他组织参加应急救援和处置工作，要求具有特定专长的人员提供服务；

（七）保障食品、饮用水、药品、燃料等基本生活必需品的供应；

（八）依法从严惩处囤积居奇、哄抬价格、牟取暴利、制假售假等扰乱市场秩序的行为，维护市场秩序；

（九）依法从严惩处哄抢财物、干扰破坏应急处置工作等扰乱社会秩序的行为，维护社会治安；

（十）开展生态环境应急监测，保护集中式饮用水水源地等环境敏感目标，控制和处置污染物；

（十一）采取防止发生次生、衍生事件的必要措施。

第七十四条 社会安全事件发生后，组织处置工作的人民政府应当立即启动应急响应，组织有关部门针对事件的性质和特点，依照有关法律、行政法规和国家其他有关规定，采取下列一项或者多项应急处置措施：

（一）强制隔离使用器械相互对抗或者以暴力行为参与冲突的当事人，妥善解决现场纠纷和争端，控制事态发展；

（二）对特定区域内的建筑物、交通工具、设备、设施以及燃料、燃气、电力、水的供应进行控制；

（三）封锁有关场所、道路，查验现场人员的身份证件，限制有关公共场所内的活动；

（四）加强对易受冲击的核心机关和单位的警卫，在国家机关、军事机关、国家通讯社、广播电台、电视台、外国驻华使领馆等单位附近设置临时警戒线；

（五）法律、行政法规和国务院规定的其他必要措施。

第七十五条 发生突发事件，严重影响国民经济正常运行时，国务院或者国务院授权的有关主管部门可以采取保障、控制等必要的应急措施，保障人民群众的基本生活需要，最大限度地减轻突发事件的影响。

第七十六条 履行统一领导职责或者组织处置突发事件的人民政府及其有关部门，必要时可以向单位和个人征用应急救援所需设备、设施、场地、交通工具和其他物资，请求其他地方人民政府及其有关部门提供人力、物力、财力或者技术支援，要求生产、供应生活必需品和应急救援物资的企业组织生产、保证供给，要求提供医疗、交通等公共服务的组织提供相应的服务。

履行统一领导职责或者组织处置突发事件的人民政府和有关主

管部门，应当组织协调运输经营单位，优先运送处置突发事件所需物资、设备、工具、应急救援人员和受到突发事件危害的人员。

履行统一领导职责或者组织处置突发事件的人民政府及其有关部门，应当为受突发事件影响无人照料的无民事行为能力人、限制民事行为能力人提供及时有效帮助；建立健全联系帮扶应急救援人员家庭制度，帮助解决实际困难。

第七十七条 突发事件发生地的居民委员会、村民委员会和其他组织应当按照当地人民政府的决定、命令，进行宣传动员，组织群众开展自救与互救，协助维护社会秩序；情况紧急的，应当立即组织群众开展自救与互救等先期处置工作。

第七十八条 受到自然灾害危害或者发生事故灾难、公共卫生事件的单位，应当立即组织本单位应急救援队伍和工作人员营救受害人员，疏散、撤离、安置受到威胁的人员，控制危险源，标明危险区域，封锁危险场所，并采取其他防止危害扩大的必要措施，同时向所在地县级人民政府报告；对因本单位的问题引发的或者主体是本单位人员的社会安全事件，有关单位应当按照规定上报情况，并迅速派出负责人赶赴现场开展劝解、疏导工作。

突发事件发生地的其他单位应当服从人民政府发布的决定、命令，配合人民政府采取的应急处置措施，做好本单位的应急救援工作，并积极组织人员参加所在地的应急救援和处置工作。

第七十九条 突发事件发生地的个人应当依法服从人民政府、居民委员会、村民委员会或者所属单位的指挥和安排，配合人民政府采取的应急处置措施，积极参加应急救援工作，协助维护社会秩序。

第八十条 国家支持城乡社区组织健全应急工作机制，强化城乡社区综合服务设施和信息平台应急功能，加强与突发事件信息系统数据共享，增强突发事件应急处置中保障群众基本生活和服务群众能力。

第八十一条 国家采取措施，加强心理健康服务体系和人才队伍建设，支持引导心理健康服务人员和社会工作者对受突发事件影响的各类人群开展心理健康教育、心理评估、心理疏导、心理危机干预、心理行为问题诊治等心理援助工作。

第八十二条 对于突发事件遇难人员的遗体，应当按照法律和国家有关规定，科学规范处置，加强卫生防疫，维护逝者尊严。对于逝者的遗物应当妥善保管。

第八十三条 县级以上人民政府及其有关部门根据突发事件应对工作需要，在履行法定职责所必需的范围和限度内，可以要求公民、法人和其他组织提供应急处置与救援需要的信息。公民、法人和其他组织应当予以提供，法律另有规定的除外。县级以上人民政府及其有关部门对获取的相关信息，应当严格保密，并依法保护公民的通信自由和通信秘密。

第八十四条 在突发事件应急处置中，有关单位和个人因依照本法规定配合突发事件应对工作或者履行相关义务，需要获取他人个人信息的，应当依照法律规定的程序和方式取得并确保信息安全，不得非法收集、使用、加工、传输他人个人信息，不得非法买卖、提供或者公开他人个人信息。

第八十五条 因依法履行突发事件应对工作职责或者义务获取的个人信息，只能用于突发事件应对，并在突发事件应对工作结束后予以销毁。确因依法作为证据使用或者调查评估需要留存或者延期销毁的，应当按照规定进行合法性、必要性、安全性评估，并采取相应保护和处理措施，严格依法使用。

第六章 事后恢复与重建

第八十六条 突发事件的威胁和危害得到控制或者消除后，履行统一领导职责或者组织处置突发事件的人民政府应当宣布解除应急响应，停止执行依照本法规定采取的应急处置措施，同时采取或者继续实施必要措施，防止发生自然灾害、事故灾难、公共卫生事件的次生、衍生事件或者重新引发社会安全事件，组织受影响地区尽快恢复社会秩序。

第八十七条 突发事件应急处置工作结束后，履行统一领导职责的人民政府应当立即组织对突发事件造成的影响和损失进行调查评估，制定恢复重建计划，并向上一级人民政府报告。

受突发事件影响地区的人民政府应当及时组织和协调应急管理、卫生健康、公安、交通、铁路、民航、邮政、电信、建设、生态环境、水利、能源、广播电视等有关部门恢复社会秩序，尽快修复被损坏的交通、通信、供水、排水、供电、供气、供热、医疗卫生、水利、广播电视等公共设施。

第八十八条 受突发事件影响地区的人民政府开展恢复重建工作需要上一级人民政府支持的，可以向上一级人民政府提出请求。上一级人民政府应当根据受影响地区遭受的损失和实际情况，提供资金、物资支持和技术指导，组织协调其他地区和有关方面提供资金、物资和人力支援。

第八十九条 国务院根据受突发事件影响地区遭受损失的情况，制定扶持该地区有关行业发展的优惠政策。

受突发事件影响地区的人民政府应当根据本地区遭受的损失和采取应急处置措施的情况，制定救助、补偿、抚慰、抚恤、安置等善后工作计划并组织实施，妥善解决因处置突发事件引发的矛盾纠纷。

第九十条 公民参加应急救援工作或者协助维护社会秩序期间，其所在单位应当保证其工资待遇和福利不变，并可以按照规定给予相应补助。

第九十一条　县级以上人民政府对在应急救援工作中伤亡的人员依法落实工伤待遇、抚恤或者其他保障政策，并组织做好应急救援工作中致病人员的医疗救治工作。

第九十二条　履行统一领导职责的人民政府在突发事件应对工作结束后，应当及时查明突发事件的发生经过和原因，总结突发事件应急处置工作的经验教训，制定改进措施，并向上一级人民政府提出报告。

第九十三条　突发事件应对工作中有关资金、物资的筹集、管理、分配、拨付和使用等情况，应当依法接受审计机关的审计监督。

第九十四条　国家档案主管部门应当建立健全突发事件应对工作相关档案收集、整理、保护、利用工作机制。突发事件应对工作中形成的材料，应当按照国家规定归档，并向相关档案馆移交。

第七章　法律责任

第九十五条　地方各级人民政府和县级以上人民政府有关部门违反本法规定，不履行或者不正确履行法定职责的，由其上级行政机关责令改正；有下列情形之一，由有关机关综合考虑突发事件发生的原因、后果、应对处置情况、行为人过错等因素，对负有责任的领导人员和直接责任人员依法给予处分：

（一）未按照规定采取预防措施，导致发生突发事件，或者未采取必要的防范措施，导致发生次生、衍生事件的；

（二）迟报、谎报、瞒报、漏报或者授意他人迟报、谎报、瞒报以及阻碍他人报告有关突发事件的信息，或者通报、报送、公布虚假信息，造成后果的；

（三）未按照规定及时发布突发事件警报、采取预警期的措施，导致损害发生的；

（四）未按照规定及时采取措施处置突发事件或者处置不当，造成后果的；

（五）违反法律规定采取应对措施，侵犯公民生命健康权益的；

（六）不服从上级人民政府对突发事件应急处置工作的统一领导、指挥和协调的；

（七）未及时组织开展生产自救、恢复重建等善后工作的；

（八）截留、挪用、私分或者变相私分应急救援资金、物资的；

（九）不及时归还征用的单位和个人的财产，或者对被征用财产的单位和个人不按照规定给予补偿的。

第九十六条 有关单位有下列情形之一，由所在地履行统一领导职责的人民政府有关部门责令停产停业，暂扣或者吊销许可证件，并处五万元以上二十万元以下的罚款；情节特别严重的，并处二十万元以上一百万元以下的罚款：

（一）未按照规定采取预防措施，导致发生较大以上突发事件的；

（二）未及时消除已发现的可能引发突发事件的隐患，导致发生较大以上突发事件的；

（三）未做好应急物资储备和应急设备、设施日常维护、检测工作，导致发生较大以上突发事件或者突发事件危害扩大的；

（四）突发事件发生后，不及时组织开展应急救援工作，造成严重后果的。

其他法律对前款行为规定了处罚的，依照较重的规定处罚。

第九十七条 违反本法规定，编造并传播有关突发事件的虚假信息，或者明知是有关突发事件的虚假信息而进行传播的，责令改正，给予警告；造成严重后果的，依法暂停其业务活动或者吊销其许可证件；负有直接责任的人员是公职人员的，还应当依法给予处分。

第九十八条　单位或者个人违反本法规定，不服从所在地人民政府及其有关部门依法发布的决定、命令或者不配合其依法采取的措施的，责令改正；造成严重后果的，依法给予行政处罚；负有直接责任的人员是公职人员的，还应当依法给予处分。

第九十九条　单位或者个人违反本法第八十四条、第八十五条关于个人信息保护规定的，由主管部门依照有关法律规定给予处罚。

第一百条　单位或者个人违反本法规定，导致突发事件发生或者危害扩大，造成人身、财产或者其他损害的，应当依法承担民事责任。

第一百零一条　为了使本人或者他人的人身、财产免受正在发生的危险而采取避险措施的，依照《中华人民共和国民法典》、《中华人民共和国刑法》等法律关于紧急避险的规定处理。

第一百零二条　违反本法规定，构成违反治安管理行为的，依法给予治安管理处罚；构成犯罪的，依法追究刑事责任。

第八章　附　　则

第一百零三条　发生特别重大突发事件，对人民生命财产安全、国家安全、公共安全、生态环境安全或者社会秩序构成重大威胁，采取本法和其他有关法律、法规、规章规定的应急处置措施不能消除或者有效控制、减轻其严重社会危害，需要进入紧急状态的，由全国人民代表大会常务委员会或者国务院依照宪法和其他有关法律规定的权限和程序决定。

紧急状态期间采取的非常措施，依照有关法律规定执行或者由全国人民代表大会常务委员会另行规定。

第一百零四条 中华人民共和国领域外发生突发事件，造成或者可能造成中华人民共和国公民、法人和其他组织人身伤亡、财产损失的，由国务院外交部门会同国务院其他有关部门、有关地方人民政府，按照国家有关规定做好应对工作。

第一百零五条 在中华人民共和国境内的外国人、无国籍人应当遵守本法，服从所在地人民政府及其有关部门依法发布的决定、命令，并配合其依法采取的措施。

第一百零六条 本法自2024年11月1日起施行。

突发事件应急预案管理办法

（2024年1月31日 国办发〔2024〕5号）

第一章 总 则

第一条 为加强突发事件应急预案（以下简称应急预案）体系建设，规范应急预案管理，增强应急预案的针对性、实用性和可操作性，依据《中华人民共和国突发事件应对法》等法律、行政法规，制定本办法。

第二条 本办法所称应急预案，是指各级人民政府及其部门、基层组织、企事业单位和社会组织等为依法、迅速、科学、有序应对突发事件，最大程度减少突发事件及其造成的损害而预先制定的方案。

第三条 应急预案的规划、编制、审批、发布、备案、培训、宣传、演练、评估、修订等工作，适用本办法。

第四条 应急预案管理遵循统一规划、综合协调、分类指导、分级负责、动态管理的原则。

第五条 国务院统一领导全国应急预案体系建设和管理工作，县级以上地方人民政府负责领导本行政区域内应急预案体系建设和管理工作。

突发事件应对有关部门在各自职责范围内，负责本部门（行业、领域）应急预案管理工作；县级以上人民政府应急管理部门负责指导应急预案管理工作，综合协调应急预案衔接工作。

第六条 国务院应急管理部门统筹协调各地区各部门应急预案数据库管理，推动实现应急预案数据共享共用。各地区各部门负责本行政区域、本部门（行业、领域）应急预案数据管理。

县级以上人民政府及其有关部门要注重运用信息化数字化智能化技术，推进应急预案管理理念、模式、手段、方法等创新，充分发挥应急预案牵引应急准备、指导处置救援的作用。

第二章 分类与内容

第七条 按照制定主体划分，应急预案分为政府及其部门应急预案、单位和基层组织应急预案两大类。

政府及其部门应急预案包括总体应急预案、专项应急预案、部门应急预案等。

单位和基层组织应急预案包括企事业单位、村民委员会、居民委员会、社会组织等编制的应急预案。

第八条 总体应急预案是人民政府组织应对突发事件的总体制度安排。

总体应急预案围绕突发事件事前、事中、事后全过程，主要明确应对工作的总体要求、事件分类分级、预案体系构成、组织指挥体系与职责，以及风险防控、监测预警、处置救援、应急保障、恢复重建、预案管理等内容。

第九条 专项应急预案是人民政府为应对某一类型或某几种类型突发事件，或者针对重要目标保护、重大活动保障、应急保障等重要专项工作而预先制定的涉及多个部门职责的方案。

部门应急预案是人民政府有关部门根据总体应急预案、专项应急预案和部门职责，为应对本部门（行业、领域）突发事件，或者针对重要目标保护、重大活动保障、应急保障等涉及部门工作而预先制定的方案。

第十条 针对突发事件应对的专项和部门应急预案，主要规定县级以上人民政府或有关部门相关突发事件应对工作的组织指挥体系和专项工作安排，不同层级预案内容各有侧重，涉及相邻或相关地方人民政府、部门、单位任务的应当沟通一致后明确。

国家层面专项和部门应急预案侧重明确突发事件的应对原则、组织指挥机制、预警分级和事件分级标准、响应分级、信息报告要求、应急保障措施等，重点规范国家层面应对行动，同时体现政策性和指导性。

省级专项和部门应急预案侧重明确突发事件的组织指挥机制、监测预警、分级响应及响应行动、队伍物资保障及市县级人民政府职责等，重点规范省级层面应对行动，同时体现指导性和实用性。

市县级专项和部门应急预案侧重明确突发事件的组织指挥机制、风险管控、监测预警、信息报告、组织自救互救、应急处置措施、现场管控、队伍物资保障等内容，重点规范市（地）级和县级层面应对行动，落实相关任务，细化工作流程，体现应急处置的主体职责和针对性、可操作性。

第十一条 为突发事件应对工作提供通信、交通运输、医学救援、物资装备、能源、资金以及新闻宣传、秩序维护、慈善捐赠、灾害救助等保障功能的专项和部门应急预案侧重明确组织指挥机制、主要任务、资源布局、资源调用或应急响应程序、具体措施等内容。

针对重要基础设施、生命线工程等重要目标保护的专项和部门应急预案，侧重明确关键功能和部位、风险隐患及防范措施、监测预警、信息报告、应急处置和紧急恢复、应急联动等内容。

第十二条 重大活动主办或承办机构应当结合实际情况组织编制重大活动保障应急预案，侧重明确组织指挥体系、主要任务、安全风险及防范措施、应急联动、监测预警、信息报告、应急处置、人员疏散撤离组织和路线等内容。

第十三条 相邻或相关地方人民政府及其有关部门可以联合制定应对区域性、流域性突发事件的联合应急预案，侧重明确地方人民政府及其部门间信息通报、组织指挥体系对接、处置措施衔接、应急资源保障等内容。

第十四条 国家有关部门和超大特大城市人民政府可以结合行业（地区）风险评估实际，制定巨灾应急预案，统筹本部门（行业、领域）、本地区巨灾应对工作。

第十五条 乡镇（街道）应急预案重点规范乡镇（街道）层面应对行动，侧重明确突发事件的预警信息传播、任务分工、处置措施、信息收集报告、现场管理、人员疏散与安置等内容。

村（社区）应急预案侧重明确风险点位、应急响应责任人、预警信息传播与响应、人员转移避险、应急处置措施、应急资源调用等内容。

乡镇（街道）、村（社区）应急预案的形式、要素和内容等，可结合实际灵活确定，力求简明实用，突出人员转移避险，体现先期处置特点。

第十六条 单位应急预案侧重明确应急响应责任人、风险隐患监测、主要任务、信息报告、预警和应急响应、应急处置措施、人员疏散转移、应急资源调用等内容。

大型企业集团可根据相关标准规范和实际工作需要，建立本集团应急预案体系。

安全风险单一、危险性小的生产经营单位，可结合实际简化应急预案要素和内容。

第十七条 应急预案涉及的有关部门、单位等可以结合实际编制应急工作手册，内容一般包括应急响应措施、处置工作程序、应急救援队伍、物资装备、联络人员和电话等。

应急救援队伍、保障力量等应当结合实际情况，针对需要参与突发事件应对的具体任务编制行动方案，侧重明确应急响应、指挥协同、力量编成、行动设想、综合保障、其他有关措施等具体内容。

第三章 规划与编制

第十八条 国务院应急管理部门会同有关部门编制应急预案制修订工作计划，报国务院批准后实施。县级以上地方人民政府应急管理部门应当会同有关部门，针对本行政区域多发易发突发事件、主要风险等，编制本行政区域应急预案制修订工作计划，报本级人民政府批准后实施，并抄送上一级人民政府应急管理部门。

县级以上人民政府有关部门可以结合实际制定本部门（行业、领域）应急预案编制计划，并抄送同级应急管理部门。县级以上地方人民政府有关部门应急预案编制计划同时抄送上一级相应部门。

应急预案编制计划应当根据国民经济和社会发展规划、突发事件应对工作实际，适时予以调整。

第十九条 县级以上人民政府总体应急预案由本级人民政府应急管理部门组织编制，专项应急预案由本级人民政府相关类别突发事件应对牵头部门组织编制。县级以上人民政府部门应急预案，乡级人民政府、单位和基层组织等应急预案由有关制定单位组织编制。

第二十条　应急预案编制部门和单位根据需要组成应急预案编制工作小组，吸收有关部门和单位人员、有关专家及有应急处置工作经验的人员参加。编制工作小组组长由应急预案编制部门或单位有关负责人担任。

第二十一条　编制应急预案应当依据有关法律、法规、规章和标准，紧密结合实际，在开展风险评估、资源调查、案例分析的基础上进行。

风险评估主要是识别突发事件风险及其可能产生的后果和次生（衍生）灾害事件，评估可能造成的危害程度和影响范围等。

资源调查主要是全面调查本地区、本单位应对突发事件可用的应急救援队伍、物资装备、场所和通过改造可以利用的应急资源状况，合作区域内可以请求援助的应急资源状况，重要基础设施容灾保障及备用状况，以及可以通过潜力转换提供应急资源的状况，为制定应急响应措施提供依据。必要时，也可根据突发事件应对需要，对本地区相关单位和居民所掌握的应急资源情况进行调查。

案例分析主要是对典型突发事件的发生演化规律、造成的后果和处置救援等情况进行复盘研究，必要时构建突发事件情景，总结经验教训，明确应对流程、职责任务和应对措施，为制定应急预案提供参考借鉴。

第二十二条　政府及其有关部门在应急预案编制过程中，应当广泛听取意见，组织专家论证，做好与相关应急预案及国防动员实施预案的衔接。涉及其他单位职责的，应当书面征求意见。必要时，向社会公开征求意见。

单位和基层组织在应急预案编制过程中，应根据法律法规要求或实际需要，征求相关公民、法人或其他组织的意见。

第四章　审批、发布、备案

第二十三条　应急预案编制工作小组或牵头单位应当将应急预案送审稿、征求意见情况、编制说明等有关材料报送应急预案审批单位。因保密等原因需要发布应急预案简本的，应当将应急预案简本一并报送审批。

第二十四条　应急预案审核内容主要包括：

（一）预案是否符合有关法律、法规、规章和标准等规定；

（二）预案是否符合上位预案要求并与有关预案有效衔接；

（三）框架结构是否清晰合理，主体内容是否完备；

（四）组织指挥体系与责任分工是否合理明确，应急响应级别设计是否合理，应对措施是否具体简明、管用可行；

（五）各方面意见是否一致；

（六）其他需要审核的内容。

第二十五条　国家总体应急预案按程序报党中央、国务院审批，以党中央、国务院名义印发。专项应急预案由预案编制牵头部门送应急管理部衔接协调后，报国务院审批，以国务院办公厅或者有关应急指挥机构名义印发。部门应急预案由部门会议审议决定、以部门名义印发，涉及其他部门职责的可与有关部门联合印发；必要时，可以由国务院办公厅转发。

地方各级人民政府总体应急预案按程序报本级党委和政府审批，以本级党委和政府名义印发。专项应急预案按程序送本级应急管理部门衔接协调，报本级人民政府审批，以本级人民政府办公厅（室）或者有关应急指挥机构名义印发。部门应急预案审批印发程序按照本级人民政府和上级有关部门的应急预案管理规定执行。

重大活动保障应急预案、巨灾应急预案由本级人民政府或其部门审批，跨行政区域联合应急预案审批由相关人民政府或其授权的部门协商确定，并参照专项应急预案或部门应急预案管理。

单位和基层组织应急预案须经本单位或基层组织主要负责人签发，以本单位或基层组织名义印发，审批方式根据所在地人民政府及有关行业管理部门规定和实际情况确定。

第二十六条　应急预案审批单位应当在应急预案印发后的20个工作日内，将应急预案正式印发文本（含电子文本）及编制说明，依照下列规定向有关单位备案并抄送有关部门：

（一）县级以上地方人民政府总体应急预案报上一级人民政府备案，径送上一级人民政府应急管理部门，同时抄送上一级人民政府有关部门；

（二）县级以上地方人民政府专项应急预案报上一级人民政府相应牵头部门备案，同时抄送上一级人民政府应急管理部门和有关部门；

（三）部门应急预案报本级人民政府备案，径送本级应急管理部门，同时抄送本级有关部门；

（四）联合应急预案按所涉及区域，依据专项应急预案或部门应急预案有关规定备案，同时抄送本地区上一级或共同上一级人民政府应急管理部门和有关部门；

（五）涉及需要与所在地人民政府联合应急处置的中央单位应急预案，应当报所在地县级人民政府备案，同时抄送本级应急管理部门和突发事件应对牵头部门；

（六）乡镇（街道）应急预案报上一级人民政府备案，径送上一级人民政府应急管理部门，同时抄送上一级人民政府有关部门。村（社区）应急预案报乡镇（街道）备案；

（七）中央企业集团总体应急预案报应急管理部备案，抄送企业主管机构、行业主管部门、监管部门；有关专项应急预案向国家突发事件应对牵头部门备案，抄送应急管理部、企业主管机构、行业主管部门、监管部门等有关单位。中央企业集团所属单位、权属企业的总体应急预案按管理权限报所在地人民政府应急管理部门备案，抄送企业主管机构、行业主管部门、监管部门；专项应急预案按管理权限报所在地行业监管部门备案，抄送应急管理部门和有关企业主管机构、行业主管部门。

第二十七条 国务院履行应急预案备案管理职责的部门和省级人民政府应当建立应急预案备案管理制度。县级以上地方人民政府有关部门落实有关规定，指导、督促有关单位做好应急预案备案工作。

第二十八条 政府及其部门应急预案应当在正式印发后20个工作日内向社会公开。单位和基层组织应急预案应当在正式印发后20个工作日内向本单位以及可能受影响的其他单位和地区公开。

第五章 培训、宣传、演练

第二十九条 应急预案发布后，其编制单位应做好组织实施和解读工作，并跟踪应急预案落实情况，了解有关方面和社会公众的意见建议。

第三十条 应急预案编制单位应当通过编发培训材料、举办培训班、开展工作研讨等方式，对与应急预案实施密切相关的管理人员、专业救援人员等进行培训。

各级人民政府及其有关部门应将应急预案培训作为有关业务培训的重要内容，纳入领导干部、公务员等日常培训内容。

第三十一条 对需要公众广泛参与的非涉密的应急预案，编制单位应当充分利用互联网、广播、电视、报刊等多种媒体广泛宣传，制作通俗易懂、好记管用的宣传普及材料，向公众免费发放。

第三十二条 应急预案编制单位应当建立应急预案演练制度，通过采取形式多样的方式方法，对应急预案所涉及的单位、人员、装备、设施等组织演练。通过演练发现问题、解决问题，进一步修改完善应急预案。

专项应急预案、部门应急预案每3年至少进行一次演练。

地震、台风、风暴潮、洪涝、山洪、滑坡、泥石流、森林草原火灾等自然灾害易发区域所在地人民政府，重要基础设施和城市供水、供电、供气、供油、供热等生命线工程经营管理单位，矿山、金属冶炼、建筑施工单位和易燃易爆物品、化学品、放射性物品等危险物品生产、经营、使用、储存、运输、废弃处置单位，公共交通工具、公共场所和医院、学校等人员密集场所的经营单位或者管理单位等，应当有针对性地组织开展应急预案演练。

第三十三条 应急预案演练组织单位应当加强演练评估，主要内容包括：演练的执行情况，应急预案的实用性和可操作性，指挥协调和应急联动机制运行情况，应急人员的处置情况，演练所用设备装备的适用性，对完善应急预案、应急准备、应急机制、应急措施等方面的意见和建议等。

各地区各有关部门加强对本行政区域、本部门（行业、领域）应急预案演练的评估指导。根据需要，应急管理部门会同有关部门组织对下级人民政府及其有关部门组织的应急预案演练情况进行评估指导。

鼓励委托第三方专业机构进行应急预案演练评估。

第六章 评估与修订

第三十四条 应急预案编制单位应当建立应急预案定期评估制度，分析应急预案内容的针对性、实用性和可操作性等，实现应急预案的动态优化和科学规范管理。

县级以上地方人民政府及其有关部门应急预案原则上每 3 年评估一次。应急预案的评估工作，可以委托第三方专业机构组织实施。

第三十五条 有下列情形之一的，应当及时修订应急预案：

（一）有关法律、法规、规章、标准、上位预案中的有关规定发生重大变化的；

（二）应急指挥机构及其职责发生重大调整的；

（三）面临的风险发生重大变化的；

（四）重要应急资源发生重大变化的；

（五）在突发事件实际应对和应急演练中发现问题需要作出重大调整的；

（六）应急预案制定单位认为应当修订的其他情况。

第三十六条 应急预案修订涉及组织指挥体系与职责、应急处置程序、主要处置措施、突发事件分级标准等重要内容的，修订工作应参照本办法规定的应急预案编制、审批、备案、发布程序组织进行。仅涉及其他内容的，修订程序可根据情况适当简化。

第三十七条 各级人民政府及其部门、企事业单位、社会组织、公民等，可以向有关应急预案编制单位提出修订建议。

第七章 保障措施

第三十八条 各级人民政府及其有关部门、各有关单位要指定专门机构和人员负责相关具体工作，将应急预案规划、编制、审批、发布、备案、培训、宣传、演练、评估、修订等所需经费纳入预算统筹安排。

第三十九条 国务院有关部门应加强对本部门（行业、领域）应急预案管理工作的指导和监督，并根据需要编写应急预案编制指南。县级以上地方人民政府及其有关部门应对本行政区域、本部门（行业、领域）应急预案管理工作加强指导和监督。

第八章 附 则

第四十条 国务院有关部门、地方各级人民政府及其有关部门、大型企业集团等可根据实际情况，制定相关应急预案管理实施办法。

第四十一条 法律、法规、规章另有规定的从其规定，确需保密的应急预案按有关规定执行。

第四十二条 本办法由国务院应急管理部门负责解释。

第四十三条 本办法自印发之日起施行。

国家突发公共事件总体应急预案

（2006年1月8日）

1 总 则

1.1 编制目的

提高政府保障公共安全和处置突发公共事件的能力，最大程度地预防和减少突发公共事件及其造成的损害，保障公众的生命财产安全，维护国家安全和社会稳定，促进经济社会全面、协调、可持续发展。

1.2 编制依据

依据宪法及有关法律、行政法规，制定本预案。

1.3 分类分级

本预案所称突发公共事件是指突然发生，造成或者可能造成重大人员伤亡、财产损失、生态环境破坏和严重社会危害，危及公共安全的紧急事件。

根据突发公共事件的发生过程、性质和机理，突发公共事件主要分为以下四类：

（1）自然灾害。主要包括水旱灾害，气象灾害，地震灾害，地质灾害，海洋灾害，生物灾害和森林草原火灾等。

（2）事故灾难。主要包括工矿商贸等企业的各类安全事故，交通运输事故，公共设施和设备事故，环境污染和生态破坏事件等。

（3）公共卫生事件。主要包括传染病疫情，群体性不明原因疾病，食品安全和职业危害，动物疫情，以及其他严重影响公众健康和生命安全的事件。

（4）社会安全事件。主要包括恐怖袭击事件，经济安全事件和涉外突发事件等。

各类突发公共事件按照其性质、严重程度、可控性和影响范围等因素，一般分为四级：Ⅰ级（特别重大）、Ⅱ级（重大）、Ⅲ级（较大）和Ⅳ级（一般）。

1.4 适用范围

本预案适用于涉及跨省级行政区划的，或超出事发地省级人民政府处置能力的特别重大突发公共事件应对工作。

本预案指导全国的突发公共事件应对工作。

1.5 工作原则

（1）以人为本，减少危害。切实履行政府的社会管理和公共服务职能，把保障公众健康和生命财产安全作为首要任务，最大程度地减少突发公共事件及其造成的人员伤亡和危害。

（2）居安思危，预防为主。高度重视公共安全工作，常抓不懈，防患于未然。增强忧患意识，坚持预防与应急相结合，常态与非常态相结合，做好应对突发公共事件的各项准备工作。

(3) 统一领导，分级负责。在党中央、国务院的统一领导下，建立健全分类管理、分级负责，条块结合、属地管理为主的应急管理体制，在各级党委领导下，实行行政领导责任制，充分发挥专业应急指挥机构的作用。

(4) 依法规范，加强管理。依据有关法律和行政法规，加强应急管理，维护公众的合法权益，使应对突发公共事件的工作规范化、制度化、法制化。

(5) 快速反应，协同应对。加强以属地管理为主的应急处置队伍建设，建立联动协调制度，充分动员和发挥乡镇、社区、企事业单位、社会团体和志愿者队伍的作用，依靠公众力量，形成统一指挥、反应灵敏、功能齐全、协调有序、运转高效的应急管理机制。

(6) 依靠科技，提高素质。加强公共安全科学研究和技术开发，采用先进的监测、预测、预警、预防和应急处置技术及设施，充分发挥专家队伍和专业人员的作用，提高应对突发公共事件的科技水平和指挥能力，避免发生次生、衍生事件；加强宣传和培训教育工作，提高公众自救、互救和应对各类突发公共事件的综合素质。

1.6 应急预案体系

全国突发公共事件应急预案体系包括：

(1) 突发公共事件总体应急预案。总体应急预案是全国应急预案体系的总纲，是国务院应对特别重大突发公共事件的规范性文件。

(2) 突发公共事件专项应急预案。专项应急预案主要是国务院及其有关部门为应对某一类型或某几种类型突发公共事件而制定的应急预案。

(3) 突发公共事件部门应急预案。部门应急预案是国务院有关部门根据总体应急预案、专项应急预案和部门职责为应对突发公共事件制定的预案。

（4）突发公共事件地方应急预案。具体包括：省级人民政府的突发公共事件总体应急预案、专项应急预案和部门应急预案；各市（地）、县（市）人民政府及其基层政权组织的突发公共事件应急预案。上述预案在省级人民政府的领导下，按照分类管理、分级负责的原则，由地方人民政府及其有关部门分别制定。

（5）企事业单位根据有关法律法规制定的应急预案。

（6）举办大型会展和文化体育等重大活动，主办单位应当制定应急预案。

各类预案将根据实际情况变化不断补充、完善。

2 组织体系

2.1 领导机构

国务院是突发公共事件应急管理工作的最高行政领导机构。在国务院总理领导下，由国务院常务会议和国家相关突发公共事件应急指挥机构（以下简称相关应急指挥机构）负责突发公共事件的应急管理工作；必要时，派出国务院工作组指导有关工作。

2.2 办事机构

国务院办公厅设国务院应急管理办公室，履行值守应急、信息汇总和综合协调职责，发挥运转枢纽作用。

2.3 工作机构

国务院有关部门依据有关法律、行政法规和各自的职责，负责相关类别突发公共事件的应急管理工作。具体负责相关类别的突发公共事件专项和部门应急预案的起草与实施，贯彻落实国务院有关决定事项。

2.4 地方机构

地方各级人民政府是本行政区域突发公共事件应急管理工作的

行政领导机构，负责本行政区域各类突发公共事件的应对工作。

2.5　**专家组**

国务院和各应急管理机构建立各类专业人才库，可以根据实际需要聘请有关专家组成专家组，为应急管理提供决策建议，必要时参加突发公共事件的应急处置工作。

3　运行机制

3.1　**预测与预警**

各地区、各部门要针对各种可能发生的突发公共事件，完善预测预警机制，建立预测预警系统，开展风险分析，做到早发现、早报告、早处置。

3.1.1　预警级别和发布

根据预测分析结果，对可能发生和可以预警的突发公共事件进行预警。预警级别依据突发公共事件可能造成的危害程度、紧急程度和发展势态，一般划分为四级：Ⅰ级（特别严重）、Ⅱ级（严重）、Ⅲ级（较重）和Ⅳ级（一般），依次用红色、橙色、黄色和蓝色表示。

预警信息包括突发公共事件的类别、预警级别、起始时间、可能影响范围、警示事项、应采取的措施和发布机关等。

预警信息的发布、调整和解除可通过广播、电视、报刊、通信、信息网络、警报器、宣传车或组织人员逐户通知等方式进行，对老、幼、病、残、孕等特殊人群以及学校等特殊场所和警报盲区应当采取有针对性的公告方式。

3.2　**应急处置**

3.2.1　信息报告

特别重大或者重大突发公共事件发生后，各地区、各部门要立即报告，最迟不得超过4小时，同时通报有关地区和部门。应急处置过程中，要及时续报有关情况。

3.2.2　先期处置

突发公共事件发生后，事发地的省级人民政府或者国务院有关部门在报告特别重大、重大突发公共事件信息的同时，要根据职责和规定的权限启动相关应急预案，及时、有效地进行处置，控制事态。

在境外发生涉及中国公民和机构的突发事件，我驻外使领馆、国务院有关部门和有关地方人民政府要采取措施控制事态发展，组织开展应急救援工作。

3.2.3　应急响应

对于先期处置未能有效控制事态的特别重大突发公共事件，要及时启动相关预案，由国务院相关应急指挥机构或国务院工作组统一指挥或指导有关地区、部门开展处置工作。

现场应急指挥机构负责现场的应急处置工作。

需要多个国务院相关部门共同参与处置的突发公共事件，由该类突发公共事件的业务主管部门牵头，其他部门予以协助。

3.2.4　应急结束

特别重大突发公共事件应急处置工作结束，或者相关危险因素消除后，现场应急指挥机构予以撤销。

3.3　恢复与重建

3.3.1　善后处置

要积极稳妥、深入细致地做好善后处置工作。对突发公共事件中的伤亡人员、应急处置工作人员，以及紧急调集、征用有关单位及个人的物资，要按照规定给予抚恤、补助或补偿，并提供心理及司法援助。有关部门要做好疫病防治和环境污染消除工作。保险监管机构督促有关保险机构及时做好有关单位和个人损失的理赔工作。

3.3.2 调查与评估

要对特别重大突发公共事件的起因、性质、影响、责任、经验教训和恢复重建等问题进行调查评估。

3.3.3 恢复重建

根据受灾地区恢复重建计划组织实施恢复重建工作。

3.4 信息发布

突发公共事件的信息发布应当及时、准确、客观、全面。事件发生的第一时间要向社会发布简要信息，随后发布初步核实情况、政府应对措施和公众防范措施等，并根据事件处置情况做好后续发布工作。

信息发布形式主要包括授权发布、散发新闻稿、组织报道、接受记者采访、举行新闻发布会等。

4 应急保障

各有关部门要按照职责分工和相关预案做好突发公共事件的应对工作，同时根据总体预案切实做好应对突发公共事件的人力、物力、财力、交通运输、医疗卫生及通信保障等工作，保证应急救援工作的需要和灾区群众的基本生活，以及恢复重建工作的顺利进行。

4.1 人力资源

公安（消防）、医疗卫生、地震救援、海上搜救、矿山救护、森林消防、防洪抢险、核与辐射、环境监控、危险化学品事故救援、铁路事故、民航事故、基础信息网络和重要信息系统事故处置，以及水、电、油、气等工程抢险救援队伍是应急救援的专业队伍和骨干力量。地方各级人民政府和有关部门、单位要加强应急救援队伍的业务培训和应急演练，建立联动协调机制，提高装备水平；动员社会团体、企事业单位以及志愿者等各种社会力量参与应急救援工作；增进国际间的交流与合作。要加强以乡镇和社区为单位的公众应急能力建设，发挥其在应对突发公共事件中的重要作用。

中国人民解放军和中国人民武装警察部队是处置突发公共事件的骨干和突击力量，按照有关规定参加应急处置工作。

4.2　**财力保障**

要保证所需突发公共事件应急准备和救援工作资金。对受突发公共事件影响较大的行业、企事业单位和个人要及时研究提出相应的补偿或救助政策。要对突发公共事件财政应急保障资金的使用和效果进行监管和评估。

鼓励自然人、法人或者其他组织（包括国际组织）按照《中华人民共和国公益事业捐赠法》等有关法律、法规的规定进行捐赠和援助。

4.3　**物资保障**

要建立健全应急物资监测网络、预警体系和应急物资生产、储备、调拨及紧急配送体系，完善应急工作程序，确保应急所需物资和生活用品的及时供应，并加强对物资储备的监督管理，及时予以补充和更新。

地方各级人民政府应根据有关法律、法规和应急预案的规定，做好物资储备工作。

4.4　**基本生活保障**

要做好受灾群众的基本生活保障工作，确保灾区群众有饭吃、有水喝、有衣穿、有住处、有病能得到及时医治。

4.5　**医疗卫生保障**

卫生部门负责组建医疗卫生应急专业技术队伍，根据需要及时赴现场开展医疗救治、疾病预防控制等卫生应急工作。及时为受灾地区提供药品、器械等卫生和医疗设备。必要时，组织动员红十字会等社会卫生力量参与医疗卫生救助工作。

4.6 **交通运输保障**

要保证紧急情况下应急交通工具的优先安排、优先调度、优先放行，确保运输安全畅通；要依法建立紧急情况社会交通运输工具的征用程序，确保抢险救灾物资和人员能够及时、安全送达。

根据应急处置需要，对现场及相关通道实行交通管制，开设应急救援“绿色通道”，保证应急救援工作的顺利开展。

4.7 **治安维护**

要加强对重点地区、重点场所、重点人群、重要物资和设备的安全保护，依法严厉打击违法犯罪活动。必要时，依法采取有效管制措施，控制事态，维护社会秩序。

4.8 **人员防护**

要指定或建立与人口密度、城市规模相适应的应急避险场所，完善紧急疏散管理办法和程序，明确各级责任人，确保在紧急情况下公众安全、有序的转移或疏散。

要采取必要的防护措施，严格按照程序开展应急救援工作，确保人员安全。

4.9 **通信保障**

建立健全应急通信、应急广播电视保障工作体系，完善公用通信网，建立有线和无线相结合、基础电信网络与机动通信系统相配套的应急通信系统，确保通信畅通。

4.10 **公共设施**

有关部门要按照职责分工，分别负责煤、电、油、气、水的供给，以及废水、废气、固体废弃物等有害物质的监测和处理。

4.11 **科技支撑**

要积极开展公共安全领域的科学研究；加大公共安全监测、预测、预警、预防和应急处置技术研发的投入，不断改进技术装备，建立健全公共安全应急技术平台，提高我国公共安全科技水平；注意发挥企业在公共安全领域的研发作用。

5 监督管理

5.1 预案演练

各地区、各部门要结合实际，有计划、有重点地组织有关部门对相关预案进行演练。

5.2 宣传和培训

宣传、教育、文化、广电、新闻出版等有关部门要通过图书、报刊、音像制品和电子出版物、广播、电视、网络等，广泛宣传应急法律法规和预防、避险、自救、互救、减灾等常识，增强公众的忧患意识、社会责任意识和自救、互救能力。各有关方面要有计划地对应急救援和管理人员进行培训，提高其专业技能。

5.3 责任与奖惩

突发公共事件应急处置工作实行责任追究制。

对突发公共事件应急管理工作中做出突出贡献的先进集体和个人要给予表彰和奖励。

对迟报、谎报、瞒报和漏报突发公共事件重要情况或者应急管理工作中有其他失职、渎职行为的，依法对有关责任人给予行政处分；构成犯罪的，依法追究刑事责任。

6 附　　则

6.1 预案管理

根据实际情况的变化，及时修订本预案。

本预案自发布之日起实施。